내가 꿈꾸는 나만의 전원주택 짓기

내가 꿈꾸는
나만의 전원주택 짓기

ⓒ 유광수, 2023

초판 1쇄 발행 2016년 10월 25일
개정4판 1쇄 발행 2023년 6월 5일

지은이   유광수
펴낸이   이기봉
편집   김미라, 이창주
사진   유광수, 변종석
펴낸곳   도서출판 좋은땅
출판등록   제2011-000082호
주소   서울특별시 마포구 양화로12길 26 지월드빌딩 (서교동 395-7)
전화   02)374-8616~7
팩스   02)374-8614
이메일   so20s@naver.com
홈페이지   www.g-world.co.kr

ISBN   979-11-388-1997-8 (13590)

- 가격은 뒤표지에 있습니다.
- 이 책은 저작권법에 의하여 보호를 받는 저작물이므로 무단 전재와 복제를 금합니다.
- 파본은 구입하신 서점에서 교환해 드립니다.

전원주택 A to Z 개정 4판

내가 꿈꾸는
나만의 전원주택 짓기

수요자의 입장에서 본 전원주택 종합 가이드북

유광수 지음

저자 유광수의 전원주택 야경

현관에서 바라본 마을 전경

Dedicated To My Family –

Hyun Sim, Ho Sang, Yoon Young, Jun Sang, Ye Seul,

Hyun Woo, Hyun Ha, and Mori.

프롤로그

2015년 2월 『전원주택 A to Z』로 처음 세상에 나왔고, 2016년 10월 전원생활을 하면서 '후속공사' PART를 더한 증보판 『내가 꿈꾸는 나만의 전원주택 짓기』란 좀 더 구체적인 제목으로 독자들에게 다가갔으며, 8여 년만에 5판을 준비하게 되었다. 나에겐 비전공저서라 여러 모로 부족한 책을 많이 사랑해 주신 분들에게 감사드리며 기쁜 마음으로 더 완성도를 높인 개정판을 준비하였다.

개정4판에는 최근 동향 보완과 준공 10년 후의 변화된 모습, 그리고 PART 05 '후속공사' 단원에 증보판 발간이후 제작하거나 조성한 나만의 주택 소품들을 추가하여 전원생활의 참모습을 엿볼 수 있게 했다. 지속적으로 자료를 보완한 본문도 중요하지만, 집필 경위와 기준을 상세히 기술한 프롤로그부터 나의 인생철학(?)을 담은 에필로그까지 정성을 다했다. 특히 부록에는 은퇴를 앞두고 전원생활을 준비하고 계신 분들에게 유익할 내용을 소개하였다.

'내 손으로 내 집 짓기에 대한 모든 것'

많은 남성들의 로망이 그렇듯이 나 또한 평소 전원생활을 꿈꾸어 오다 나이 오십에 접어들면서 본격적으로 관련서적을 읽기도 하고 인터넷을 검색해 보기도 하면서 전원주택지를 답사하기 시작했다. 지금으로부터 꼭 17년 전의 이야기이다.

부지 구입부터 많은 시행착오를 거치면서 전원주택을 지었기 때문에 전원생활의 꿈을 실현하고자 하는 분들과 나의 경험을 함께 공유하고자 한다. 전원주택을 설계하고 건축했던 내 사례를 중심으로 그동안 수집한 자료들을 체계적으로 정리했다.

하지만 건축에 관한 한 비전문가로서의 경험담을 바탕으로 집필을 끝내고 마지막으로 프롤로그를 쓰려니 이는 전공서적도 아니요 그렇다고 소설책도 아니어서 막상 부끄럽고 두려운 마음이 앞선다.

그럼에도 불구하고 이 책을 출판하는 이유는 관련서적이나 인터넷 자료 대부분이 상당히 주관적이고 단편적인 편이기 때문이다. 예비 건축주들에게 건축주의 입장에서 산경험이 반영되고 객관적이며 체계적인 '전원주택 종합 가이드북'의 필요성을 느꼈다. 따라서 흥미 위주로 기술되지 않았기에 교과서와 같은 딱딱한 느낌을 받을 수도 있겠지만 사실에 입각한 꼭 필요한 내용들로만 구성되어 있어 오히려 실수요자들에게 더 유익할 수 있을 것으로 생각한다.

이 책의 본문은 크게 다섯 단원으로 구성되었으며, 처음 네 단원은 전원주택을 짓는 전 과정을 A에서 Z까지 26개 항목으로 구분해 항목별로 상세하게 다뤘다. 첫 번째 단원에서는 '전원주택이란 무엇인가?'란 주제로 전원주택의 정의와 수요, 외국의 사례 및 유형별 종류에 대해 기술하였고, 두 번째 단원에서는 최적의 전원주택지, 즉 터잡기에 대해 다뤘으며, 세 번째 단원에서는 건축설계의 중요성과 설계사례, 즉 집 그리기에 대해 다뤘고, 네 번째 단원에서는 수많은 단계별 공정을 통한 시공, 즉 집짓기에 대해 필자의 사례를 중심으로 기술하였다. 마지막으로 다섯 번째 단원에서는 후속공사, 즉 집을 짓고 10년 동안 살면서 지속적으로 개선해 전원주택의 완성도를 높이고 나만의 전원주택을 만들어가는 과정을 기술하였다. 이해를 돕기 위해 관련 도면을 포함한 사진을 최대한 많이 실으려고 노력했으며, 모든 인용 자료는 참고문헌에 그 출처를 제시하였다.

PART 03 '건축설계에 대하여'와 PART 04 '집짓기' 단원은 각각 건축사사무소 소장님과 시공사 사장님의 감수를 거쳤지만, 건축·설계 전문가가 볼 때 용어나 분류, 기술적인 설명 등에 다소 틀린 부분이 있을 수도 있으리라 본다. '집짓기' 단원은 필자의 실제 사례를 중심으로, 독자의 이해를 돕기 위해 '필자가 자의적으로 분류한 공정' 중심으로 설명했음을 밝혀둔다.

전원주택의 수요도 50~60대 장·노년층은 물론 유학이나 출장 등 해외 거주 경험이 있는 30~40대로 확대되고 있다고 한다. 전원생활을 꿈꾸고 계신 분들이 이 책을 통해 자신에게 적합한 지역을 선정하고 부지구입에서부터 전원주택 설계, 시공, 조경 및 유지관리까지의 전체적인 흐름을 파악하는데 좋은 길라잡이가 되길 바란다. 돌이켜보니, 1년에 걸쳐 집을 짓고, 10년 동안 텃밭을 일구며 후속공사를 하고, 끊임없이 정원을 가꾸면서 '나만의 전원주택'의 완성도를 높여온 지난 11년이 나에겐 매우 소중하고 유익한 시간이었다. 삶의 의미를 돌아보고 미래를 생각해 보는 여백의 시간이었으며 성찰의 시간이었다. 전원생활(Slow Life)을 하다 보면 몸만 건강해지는 것이 아니라 마음도 맑아지고 생각도 깊어지는 것 같다. 평생을 살면서 내가 살 집을 내 손으로 장만한다는 것은 의미 있는 일이다. 시간과 정성을 들여 나만의 집을 지어서 꾸준히 가꿔 나간다면 분명히 나의 집은 나에게 안식과 건강을 줄 것이다.

마지막으로, 그동안 집 짓는데 음으로, 양으로 많은 도움을 주신 분들께 지면을 빌려 진심으로 깊이 감사드린다. 너무 과한 선물을 받기도 하였고, 돈으로 따질 수 없는 큰 선물도 받았다. 특히 지금까지 10년 동안 아무런 하자 없이 편안하게 전원생활을 즐길 수 있도록 세밀하게 설계해주신 N건축사사무소 이금석 소장님과 정밀하게 시공해주신 D시공사 송재영 사장님께 깊은 사의를 표한다.

  8년 만에 5판까지 낼 수 있도록 이 책을 디자인하고 편집하여 출판해 주신 도서출판 좋은땅 이기봉 사장님과 이창주 과장님, 그리고 관계자 여러분들에게도 고마움을 전한다.

2023년 5월

유광수

목차・・・CONTENTS

프롤로그　　　　　　　　　　　　　　　　　　　　007

PART 01 : 전원주택이란?

A 전원주택의 정의　　　　　　　　　　　　　　021

B 전원주택의 변천　　　　　　　　　　　　　　023

C 전원주택의 수급분석　　　　　　　　　　　　029

D 외국의 사례　　　　　　　　　　　　　　　　032

E 전원주택의 종류Ⅰ(입지에 따른 주택의 유형)　036

F 전원주택의 종류Ⅱ(모양에 따른 주택의 유형)　039

G 전원주택의 종류Ⅲ(소재에 따른 주택의 유형)　047

PART 02 터잡기

- **H** 최적의 전원주택지는?   056
- **I** 1가구2주택 양도세 면제요건   071
- **J** 터잡기 사례   075

PART 03 건축설계에 대하여

- **K** 설계컨셉(Design Concept)   083
- **L** 건축사사무소 선정   092
- **M** 설계할 때 유의사항   095
- **N** 설계 사례   103

PART 04 집짓기

O 집짓기 전 숙고사항(熟考事項)   126

P 집 지을 때 유의사항   132

Q 직영 또는 도급 공사 결정   135

R 기초 및 지반지정공사   141

S 골조공사   144

T 단열공사   147

U 외장마감공사   155

V 창호 및 유리공사   158

W 설비·전기·통신공사   161

X 내장마감공사   169

Y 마무리 공사 및 준공   176

Z 조경공사 및 유지관리   186

PART 05 후속공사

가 캐노피 설치 — 205

나 대문 설치 — 207

다 창고 외벽 및 지붕공사 — 208

라 진입도로 포장공사 — 211

마 나만의 전원주택 만들기 — 213

바 조경수 전정공사 — 219

사 준공 10년 후의 모습 — 221

에필로그 — 232

부록1 『전원속의 내집』 인터뷰 기사 : — 238
좋은 집이 좋은 인생을 만든다

부록2 '김윤덕의 新줌마병법' 칼럼 : — 250
위대한 삶도, 시시한 삶도 없다

부록3 사진 : 유은숙의 길 — 254

참고문헌 — 256

전원주택이란?

A 전원주택의 정의　**B** 전원주택의 변천　**C** 전원주택의 수급분석　**D** 외국의 사례　**E** 전원주택의 종류I(입지에 따른 주택의 유형)　**F** 전원주택의 종류II(모양에 따른 주택의 유형)　**G** 전원주택의 종류III(소재에 따른 주택의 유형)

내가 꿈꾸는 나만의 전원주택 짓기
전원주택이란?

A. 전원주택의 정의

전원주택(田園住宅)의 사전적 정의는 '농경지나 녹지 등이 있어서 시골의 정취를 느낄 수 있게 교외에 지은 주택'으로, '친환경적인 주거공간을 갖춘 주거유형'을 뜻한다.

한때, 전원주택하면 그림1(a)와 같이 푸른 잔디가 깔린 마당과 연못을 갖춘, 이른바 정원이 있는 언덕 위의 하얀 집 혹은 하얀 외벽에 빨간 지붕을 연상해, 여유 있는 사람들의 전유물로 여겨졌다. 그림1(b)는 아드리아해의 진주로 불리는 크로아티아 남부의 항구도시 두브로브닉 전경으로, 별장이 많고 오랜 시가는 중세의 성곽으로 둘러싸였으며 아름다운 고딕·르네상스 양식의 건물이 많은 곳이다.

그러나 지금은 전원주택의 개념이 바뀌어 일부 부유층만이 소유했던 고급 전원주택, 즉 별장뿐만 아니라 규모나 자금 면에서 저렴하게 구입할 수 있는 농가주택까지 포함하고 있다.

따라서 전원주택이란 첫째, 도시계획이 수립되지 않은 도시 인접 지역에 도시 주거환경을 벗어난 위치에 있어야 하고 둘째, 자연환경이 양호하고 농·어·산촌의 이미지를 지닌 전원·목가적 분위기를 갖춘 주택이라 할 수 있다.

(a) 지중해풍 전원주택(Mediterranean Style House)
(b) 크로아티아 두브로브닉 전경(Dubrovnik, Croatia)
그림 1) 유럽의 주택유형

B. 전원주택의 변천

국민소득이 점차 높아지면서 나타난 일반적인 현상은 물을 가려 먹기 시작하고 공기의 질을 따지기 시작하는 사람들이 늘어나고 있다는 점이다. 예전에는 부자이거나 나이 많은 사람들이 전원생활을 즐겼던 반면 지금은 젊고 평범한 직장인들도 전원생활에 관심을 가지기 시작했다. 이제 많은 이들이 주말만이라도 물 맑고 공기 좋은 전원에서 생활하기를 꿈꾼다.

후진국에서 개발도상국을 거쳐 선진국 문턱에 들어선 우리나라의 전원주택 변화추이를 보면 다음과 같다.

1. 1980년대: 별장 개념의 주말농장

1970년대 말 농경사회에서 산업사회로 변화되면서 굴뚝산업으로 돈을 번 사람들이 고향의 향수를 달래거나 부를 과시하기 위해서 별장 하나 정도는 가지고 있었던 시기이다. 1985년 무렵 별장을 소유할 수 없었던 중산층은 수도권 일원의 유원지 주변이나 농촌에서 농가주택을 수리해 별장처럼 사용했다. 이처럼 농가주택을 수리해 주말주택으로 이용하면서 '세컨하우스(Second House)'란 말로 전원주택을 일컫기 시작했다. 두 번째 집을 뜻하는 세컨하우스는 주말이나 휴가를 근교에서 보내기 위해 마련한 레저용 주택을 말한다.

2. 1990년대: 주거와 주말 개념 도입

부동산 가격의 급상승으로 토지거래허가제가 도입되었던 시기이다. 이때부터 농가주택은 침체기로 빠져들고 '농가주택'은 농민이 살고 있는 집, '전원주택'은 도시민이 살고 있는 집으로 구분되기 시작했다. 농가주택은 기존의 마을 내에 위치하고 있어 도시민들이 주말주택용으로 이용하는 데에는 큰 문제가 없었으나, 주거용으로 사용하기에는 지역주민들과의 이질감으로 불화가 생기는 경우가 많았다. 따라서 농가주택을 찾는 사람들이 외딴 터를 선호하게 되었고 현재 전원주택 붐의 밑거름이 되기 시작하였다.

3. 2000년대: 새로운 시작

　전원주택은 주거욕구를 충족시키는 동시에 재테크로도 활용할 수 있어 합리적·실용적인 측면을 만족시켰다. 웰빙(Well-being)에 대한 관심이 높아지면서 답답한 도시를 떠나 쾌적한 주거환경에서 거주하고자 하는 수요가 증가하였다. 이러한 현상을 반영하여, 전원주택은 도시의 열악한 주거환경에서 벗어나 자연환경이 양호한 지역에 항시 거주 또는 정기적인 거주를 목적으로 건축한 주택과 대도시 주민들이 주말이나 휴가 등 여가시간에 이용하기 위한 세컨하우스로 개념이 바뀌었다. 예전처럼 도시 생활을 아예 접고 농촌에 내려가 전원주택을 짓고 살겠다는 것이 아니다. 재택근무 등 근무환경의 다양한 변화와 농촌주택 양도세 면제 등과 같은 제도적인 뒷받침이 나오면서 도시 생활도 유지하고 농촌 생활도 즐기겠다는 1가구 2주택의 유형인 것이다. 즉, **멀티해비테이션(Multi-habitation)**의 주거 형태가 자리를 잡았다.

　특히 최근에는 경제력을 갖춘 은퇴 인구의 증가와 건강을 많이 고려하는 웰빙 트렌드가 맞물려, 멀티해비테이션이 대중화될 것으로 전문가들은 예상하고 있다.

　최근 보도에 의하면, 일본 젊은이들 사이에 '**I턴(turn)**'이라고 하는 신(新) 귀촌 현상이 늘었다고 한다. 농촌에서 도시로 이주했던 세대가 고향으로 회귀하는 'U턴'이나 고향까지 가지 않고 전원지역에 정착하는 'J턴'과 달리, 'I턴'은 원래 고향이 도시인 사람들 특히 젊은 층이 출신지와 무관한 시골에 정착하는 것을 말한다.

농림축산식품부의 2018년 귀농·귀촌 실태조사 결과 발표에 따르면, 우리나라의 귀농·귀촌은 'U턴형'이 대세이며, 귀농 5년차부터 농가 평균 소득을 상회하는 것으로 나타났고, 그 중 60%는 생활에 전반적으로 만족하는 것으로 조사됐다. 반면에, 'J턴형' 귀농·귀촌은 약 20%를 차지했다. 이들이 귀농·귀촌을 선택한 이유로는 자연환경, 정서적 여유, 농업의 비전 등 대부분 자발적인 이유로 귀농·귀촌을 선택한 것으로 나타났다. 또한, 젊은 귀농·귀촌가구 수도 매년 증가 추세이며, 여성 귀농가구주 비율이 증가하는 특징이 있다. 전체 귀농·귀촌 가구는 2017년 34만6759가구에서 2018년 34만304가구로 다소 줄어든 것에 반해 40대 미만 젊은 가구는 전년 대비 2.3%가 늘어났다. 귀농·귀촌 인구 가운데 40살 미만의 비율은 49.1%로 전체의 절반가량을 차지했으며, 이어 60대와 50대가 각각 17.2%였고, 40대가 16.5%로 가장 적었다.

한편, 농촌진흥청은 2014년 귀농·귀촌인을 대상으로 2018년까지 5년간 추적 조사한 결과, 시간이 흐를수록 만족도가 높아졌으며, 이들 중 35.5%는 지역에서 청년회, 부녀회 등 마을 리더로 활동했다. 상대적으로 젊고 교육수준이 높다는 점도 영향을 미친 것으로 판단된다. 지역사회 정착은 시간이 지날수록 성공적이었지만 농사를 짓는 것만으로는 경제적으로 부족하다는 인식도 커져 겸업을 하는 이들이 증가하였으며, 영농 실패 등으로 8.6%는 도시로 되돌아간 것으로 나타났다.

한때 전원은 은퇴 후 삶의 종착역 즈음에 찾는 공간이나 안식처로 인식되었었다. 하지만 저성장 사회에서 높은 청년 실업률을 경험한 젊은 귀촌인들에게 전원은 새로운 도전 무대가 되었으며, 거창한 성공보다는 소박한 행복을 꿈꾸는 공간이 되었다. 귀농한 사람 중 농업에만 종사하는 귀농인은 70.8%였고, 농업 외 다른 직업 활동을 함께 하는 겸업 귀농인은 29.2%였는데, 연령층이 젊을수록 겸업비율이 높았다. 정부는 귀농 정책 강화 차원에서 귀농 창업자금 예산을 늘리고, 농산업 창업교육 도입 및 6차 산업 등 맞춤형 상담도 제공할 예정이다.

4. 2020년 이후: 역 이촌향도(逆 移村向都)

과거 경제성장기에는 시골에서 도시로 인구가 쏠리면서 '이촌향도'라는 말이 탄생했지만, 앞으로는 거꾸로 대도시에서 지방으로 인구가 퍼지는 '역 이촌향도'가 심화할 전망이다. 이는 3040 청년층은 값비싼 주택가격 탓에 대도시 보다는 출퇴근이 가능한 근교로 이동하고, 5060 노년층, 특히 베이비부머(1955~1963년생) 세대는 은퇴 후 귀농·귀촌으로 인구 이동이 한층 도드라지는 영향으로 풀이된다.

2022년 5월 통계청의 시도별 장래인구추계 결과에 따르면, 2020년 대비 2050년 총인구는 경기, 세종, 제주, 충남 4개 시·도에서 증가하고, 13개 시·도는 감소할 것으로 전망했다. 하지만 동 기간 가구수는 1인 가구수 증가로 인하여 서울, 부산, 대구, 대전, 울산, 전북을 제외한 11개 시·도에서 증가할 것으로 예측했다.

최근, 시오미 나오키는 '반농반X의 삶'에서 '반농반(半農半)X'라는 새로운 라이프 스타일을 제안하였다. '반농반X'란 '농사 반, 그리고 다른 일(X) 반'인 삶을 뜻한다. 다시 말하면, 농업을 통해 정말로 필요한 것만 채우는 생활을 유지하는 동시에, 저술·예술·지역 활동 등 자신이 하고 싶은 일(X)을 하는 삶의 방식이다.

고령사회 진입, IT기술 발전에 따른 재택근무자 증가, 주5일 근무제 확산 등으로 인해 앞으로도 쾌적한 자연환경을 갖춘 지역에서 거주하고자 하는 수요층이 증가할 것으로 예상돼 전원주택에 대한 관심이 더욱 높아질 것으로 보이며, 친환경 주택인 그린홈(Green Home), 에너지 절약형인 패시브하우스(Passive House) 등의 개념이 결합돼 더욱 발전된 형태의 전원주택이 나타날 것으로 기대한다.

C. 전원주택의 수급 분석

영국이나 미국 등 선진국의 예를 보면, 중산층 이상의 경우 도시에서 직장에 근무하면서 생활하는 타운하우스(Town House)와 주말에 전원에서 여가를 즐기는 컨츄리하우스(Country House), 즉 두 채의 주택을 소유하며 생활하는 4도(都)3촌(村) 패턴이 일반화되어 있다.

우리나라도 마찬가지로 국민소득이 증가할수록 전원주택의 수요는 꾸준히 증가할 것으로 전망되며, 수요 계층 또한 도시에서 직장생활을 그만두고 고향의 향수를 달래려는 실버세대들은 물론이거니와 30~40대 젊은 세대들로까지 확대되고 있다. 주 5일 근무제의 정착과 정보통신산업의 발달로 재택근무가 가능해지고 국민소득의 증가로 보다 나은 삶의 질을 추구하려는 경향이 높아짐에 따라, 시간적 여유와 마음의 여유를 찾고, 정신적·육체적 피로회복을 위해 여가시간을 유용하게 활용하고자 전원주택을 필요로 하기 때문이다.

인구의 도시 집중현상이 교통체증과 범죄증가 등을 야기하고 있음에도 불구하고 실질적으로 많은 사람들이 직장이나 자녀교육, 경제적인 이유 등으로 쉽게 도시를 떠나지 못하는 측면이 있다. 하지만 여건만 허락한다면 누구나 도시를 떠나 도시 근교나 농어촌의 공기 좋고 물 맑은 곳에 조그마한 땅이라도 하나 쉴 수 있는 공간을 마련하여 도시생활과 전원생활의 여유로움(휴식)을 함께 누릴 수 있기를 갈망할 것이다.

조그만 텃밭이 있는 전원주택은 어린이들에게는 체험을 통한 인성교육의 산교육장이 되고, 어른들에게는 도심 속의 지친 생활에서 벗어나 스트레스를 해소하고 재충전할 수 있는 힐링의 장소가 될 수 있다.

지난해 정부 통계 발표에 따르면, 2020년 60대 가구의 귀농·귀촌은 전년보다 16.4% 늘어 5만 7492가구에 달했으며, 30대 이하 귀농·귀촌 가구도 15만 8600가구로 전년대비 5.0% 늘었다. 이는 베이비붐 은퇴가 본격화되면서 이들의 생활 터전 변화가 반영됨과 동시에 30대 이하 청년농의 증가도 귀농·귀촌 인구를 늘리는데 일조했다는 평가다. 인구수로 따지면 2020년 귀농·귀촌 행렬에 동참한 이는 51만 5434명으로 전년 대비 4.2% 증가했다. 하지만, 상주하지 않는 이들이 주민등록을 이전하지 않아 통계에 잡히지 않는 경우를 고려하면 전원생활 인구는 더 많을 것으로 추정된다. 또한, 정부는 코로나19 팬데믹 이후 귀농·귀촌 인구가 늘어날 것으로 전망하고 있다. 농심품부 관계자는 "코로나19 이후 저밀도 농촌 생활에 대한 관심이 높아진데다, 경기 침체가 장기화하면 새로운 삶과 기회를 찾아 농어촌으로 이주하는 세대도 늘어날 것"이라고 설명했다.

전원주택의 수요증대 요인을 정리하면 다음과 같다.

1) 교통망의 발달로 접근성 향상
2) 자동차의 보급 확대
3) 정보통신망의 발달로 재택근무 확대
4) 레저시설 개발에 따른 전원주택지의 시장성 증대
5) 국민소득 향상으로 인한 구매력 증가
6) 전문직업인의 증가
7) 도시의 주택가격 상승으로 탈도시화 현상
8) 전원주택의 상대적 투자성과 저렴한 가격
9) 공해 등 도시환경의 악화로 탈도시화 현상
10) 노령인구의 증가 추이

D. 외국의 사례

1. 러시아의 다차(Dacha)

러시아에는 인구 1억 3,700만 명에 이르는 '다차'라는 주말농원이 약 3,200만 개소 있다. 대부분의 가정이 다차를 갖고 있는 셈이다. 다차는 제정러시아 시절부터 이어져 온 러시아식 별장으로 주로 숲과 호수가 있는 지역에 위치해 있다. 러시아 사람들은 주말에 다차에 와서 아이들과 텃밭에 농작물을 심고 가꾸며 이웃과 어울려 야외 운동과 산책을 즐긴다.

다차는 텃밭 300㎡(90평), 건물 30㎡(9평)이 기준으로 러시아 사람들은 그곳에서 샤슬릭(숯불구이 꼬치)을 구워 먹으며 보드카에 취해 잠시 풀밭에서 뒹굴기도 하고 졸기도 한다. 때때로 책 한 권을 들고서 한가로이 시간을 보내는 사색의 멋도 낼 수 있다. 이는 톨스토이나 차이코프스키, 도스토옙스키의 인문학적 자연관이 국민정서로 승화된 결과가 아닌가 싶다. 많은 이들이 겨울에는 마당에 있는 작은 수영장의 얼음을 깨서 냉수욕을 하고, 바냐(사우나)를 번갈아 드나들며 자작나무 잎가지로 몸을 때리며 전통 북극곰 놀이를 즐긴다.

다차는 러시아인에게 없어서는 안 될 온 국민의 정서적 고향으로 자리 잡았다.

그림 2) 모스크바 근교에 위치한 별장 수준의 다차(Dacha)

2. 독일의 클라인가르텐(Klein Garten)

독일의 주말 가족농원인 '클라인가르텐'은 작은 농원이란 뜻으로, 전국 회원 수 1,200만 명, 동호회 1만 5,200개로 10가구당 1가구가 주말농장을 이용하고 있다. 한 구획당 토지는 200~400㎡(60~120평)이고, 건물은 30㎡(9평) 미만으로 규제돼 있다. 클라인가르텐은 실용적이고 소박한 독일문화를 잘 상징하고 있으며, 개인 소유보다는 회원제로 임대하는 형태가 많다.

19세기 중반 이후 독일은 산업화에 따라 도시 인구가 늘어났고 좁고 열악한 도시의 주거환경이 사람을 병들게 하는 주원인이라는 판단 아래 주말농원이 번창해 나갔다.

그림 3) 독일의 클라인가르텐(Klein Garten)

3. 일본의 시민농원

일본은 시민농원인 '야치요쵸(八千代風)'를 소규모로 계획·개발하고 연이어 브라이엔 오오야(만족감을 느끼는 농원), 브루엔 야마토(꽃을 사랑하는 농원) 등이 생겨났다. 한 구획의 토지는 약 300㎡(90평)이고, 건물은 약 26㎡(8평)이다. 일본인들은 작고 예쁜 것을 좋아하기 때문에 이런 시민농원 외에 작은 집이나 아파트에서도 채소, 분재, 꽃, 야생화, 연못, 분수 등을 만들어 손질하는 것을 즐긴다.

주말에는 작은 텃밭에서, 텃밭이 없으면 산야를 돌아다니거나 야생화를 사랑하는 모임 등에 나가 활동하기도 한다. 그 활동 규모는 전 국민의 80% 정도인데 일본의 야생화, 전원생활, 꽃 가꾸기, 요리 등의 매거진 발행 문화사업과 그에 따른 이벤트는 가히 세계에 자랑할 수 있는 정서문화의 꽃이라 할 수 있다.

그림 4) 일본의 시민농원 야치요쵸(八千代風)

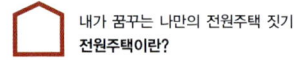

E. 전원주택의 종류
– 입지에 따른 주택의 유형

1. 개별형 전원주택

　개별형 전원주택이란 소규모 관리지역 토지를 매입해 개인이 직접 개발하여 짓는 전원주택을 말한다. 개인이 직접 해당 지자체로부터 복잡한 각종 인허가를 받아야 하기 때문에 많은 시간과 노력이 필요하다.

　위치 선정부터 개발방법, 자금조달에 이르기까지 전 과정을 건축주가 주관적으로 결정할 수 있으며, 주거밀집도가 상대적으로 낮을 수 있다는 점이 장점이다. 반면에 방범문제, 인근 현지주민과의 문화적 마찰에 대한 대처가 어렵다는 점 등이 단점이라고 할 수 있다.

2. 단지형 전원주택

단지형 전원주택이란 개발업자가 토지매입에서부터 농지전용, 대지조성, 기반시설 구축, 진입로 개설 등까지 완료해 놓은 상태에서 개인에게 분양하는 집단 전원주택지를 말한다. 전원주택이 처음 생길 때만 하더라도 별장과 같은 개념이었지만, 최근 실거주형 전원주택이 늘어나면서 보다 편의시설을 갖춘 단지형이 늘고 있는 추세이다.

시간적·정신적으로 비용이 절감되고 전용, 형질변경 등 복잡한 인허가 과정을 직접 거치지 않아도 된다는 점에서 유리하며 전체적으로 이용할 수 있는 시설, 공동방범 및 공동관리 등이 가능하다는 점이 장점으로 꼽힌다. 반면에 건축시기나 형식에 개인사정이 고려되지 않고, 지역, 면적, 위치 등 선택의 폭이 좁다는 점은 단점이라고 할 수 있다. 또한 주거밀집도가 비교적 높은 편이라는 점도 불리하다고 볼 수 있다. 대부분의 개발업체가 영세하기 때문에 공신력 있는 업체인지 필히 확인해야 한다.

3. 동호인형 전원주택

주로 우리나라의 동호인형 주택은 1990년대 이후의 주택 개발방식 중 하나로, 주로 직업이나 취향 중심으로 구성원을 모집해 결성된 조합이 바탕이 된다. 즉 구성원의 취향에 맞는 집을 짓는 공동구

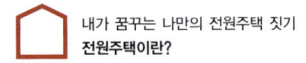

매 및 사업이라 볼 수 있다.

여럿이 모여 짓기 때문에 전체적으로 비용 절감이 가능하고 이웃 간의 상호 유대감이 강하다는 점, 사업 추진 시 토지매입, 설계, 건축 등의 문제를 공동으로 대처할 수 있다는 점, '선계획 후건설' 방식으로 취향에 맞는 주택 건축이 가능하다는 점을 장점으로 꼽을 수 있다. 반면에 단점으로는 많은 비용이 단기간에 투입되어야 한다는 점과 기획, 업무대행, 설계, 시공 등 전문화된 공급자가 부족하다는 점 등을 꼽을 수 있다. 동호인형 전원주택은 입주 후 매도자가 늘어날 경우 단지형 전원주택과 비슷한 구조로 될 가능성이 있다.

4. 농가주택

농가주택은 말 그대로 시골에 소재하는 집을 사서 전원생활을 시작하거나 허름한 농가주택을 사서 리모델링하는 방식이다.

물건 선정부터 소유권 이전까지 절차가 간단하고 건축비에 대한 부담이 없다는 점, 이미 용도가 대지이기 때문에 별도로 형질 변경을 할 필요가 없어 관련 인허가 비용이 절약된다는 점을 장점으로 꼽을 수 있다. 이에 반해 새로 건축하지 않는 만큼, 건축물 자체로 볼 때 여러 가지 하자가 발생할 수 있다는 점이 가장 큰 단점이라 할 수 있겠다. 또한 대지와 건물의 소유자가 다를 경우 복잡한 문제가 발생할 수 있다.

F. 전원주택의 종류 II
– 모양에 따른 주택의 유형

1. 지중해풍 주택(Mediterranean Style House)

지중해풍 주택이란 스페인, 이탈리아 등에서 20세기 초에 유행했던 디자인으로 궁전이나 해변 빌라와 같은 스타일의 주택을 말한다.

전형적인 주택의 구조는 직사각형의 바닥에 웅장하고 대칭적인 외관을 하고 있으며, 스타코 벽, 빨간색 지붕, 아치형이나 원형 창, 발코니를 특징으로 한다. 장식은 단순하거나 화려할 수도 있으며 푸른 정원을 갖추고 있다. 지중해풍 주택은 가장 공통적인 스타일로 단독주택은 물론 호텔, 아파트, 상업용 건물에도 적용되었다.

그림 5) 지중해풍 주택

2. 북미식 주택(America Style House)

　미국인들에게 가장 인기 있는 스타일의 주택은 무엇일까? 구글이 WSJ(The Wall Street Journal)를 위해 콜로니얼(Colonial), 크래프츠맨(Craftsman), 커티지(Cottage), 튜더(Tudor), 스키하우스(Ski House), 펜트하우스(Penthouse), 랜치(Ranch), 농가주택(Farm House) 등 8가지 주택 유형에 대한 검색 패턴을 분석해 키워드의 조회수가 가장 높은 지역을 꼽아봤다. 대표적인 주택 유형과 지역 선호도는 아래와 같다.

가. 콜로니얼 스타일(Colonial Style)

　'콜로니얼 스타일' 주택의 최다 검색 지역은 버지니아 주이다. 이 주택은 뉴잉글랜드의 판잣집과 조약돌집에서부터 남부의 벽돌집에 이르기까지 스타일이 굉장히 다양하다.

　일반적으로 콜로니얼 스타일의 주택은 경사가 높은 지붕과 대칭적인 디자인으로 건축된 집을 뜻한다. 처음에 이 용어는 18세기 미국식 주택을 묘사하는 말로 사용되다가, 훗날에는 1950년대부터 1970년대까지 신규 건축에 널리 사용된 '콜로니얼 리바이벌(Colonial Revival) 양식'으로 알려지게 됐다. 요즘 버지니아에서 '콜로니얼'은 3층짜리 주택을 의미할 때가 많다고 한다.

나. 크래프츠맨 스타일
(Ctaftsman Style)

최다 키워드 검색 지역이 워싱턴 주인 '크래프츠맨 스타일' 주택은 넓은 지붕 돌출부와 커다란 박공지붕, 비대칭적 디자인 및 현관을 갖추고 있으며, 외관은 나무나 벽돌 혹은 돌로 마감되어 있는 것이 특징이다. 부엌이 분리식이라 뒤뜰이나 거실 공간에 자유롭게 드나들 수 없으며, 공간도 협소해 확장 공사를 하는 경우가 많다. 그러나 공간배치가 효율적인 데다 자재도 고급이어서 내구성이 뛰어나다는 장점이 있다.

다. 커티지 스타일
(Cottage Style)

최다 키워드 검색 지역이 오리곤 주인 '커티지 스타일' 주택은 땅

그림 6) 콜로니얼 스타일 주택
그림 7) 크래프츠맨 스타일 주택
그림 8) 커티지 스타일 주택

에서 몇 피트 정도 띄워서 건축하며 외관이 단정하고 바깥에는 현관이 있는 것이 특징이다. 커티지(cottage)의 사전적 의미는 시골집, 아담한 집, 산장 등으로 전원주택, 별장용 주택 등을 검색할 때 많이 사용하는 키워드이기도 하다.

라. 튜더 스타일(Tudor Style)

최다 키워드 검색 지역이 뉴욕주인 '튜더 스타일' 주택은 가파르게 경사진 지붕, 치장 벽토로 미장한 벽돌 단판, 목재 장식, 납틀 창문, 아치형 입구 등이 특징이다. 20세기 초반에 인기를 얻은 '튜더 리바이벌(Tudor Revival) 양식'의 주택은 초기 세대들의 성공을 상징한다고 한다.

그림 9) 튜더 스타일 주택
그림 10) 랜치 스타일 주택

마. 랜치 스타일(Ranch Style)

최다 키워드 검색 지역이 아이오와 주인 '랜치 스타일' 주택은 1층이나 1.5층으로 되어 있다. 랜치(목장) 스타일 주택의 인기는 1900년대 초반 캘리포니아 남부지역에서 시작해 초기 스페인 혹은 멕시코의 큰 농장에까지 이어졌으며, 제2차 세계대전 후에는 완전히 뿌리를 내려 교외생활의 상징으로 자리 잡았다. 랜치 스타일 주택을 구입하는 사람들은 긴 지붕 때문에 유지보수 비용이 높게 들지만 탁 트인 평면도로 설계된 1층 생활의 편리함을 좋아한다고 한다.

3. 모던 스타일 주택(Modern Style House)

모던 스타일이란 종래의 장식성과 복잡성을 배제한 현대적·기능적·실용적 의미로 단순한 디자인 속에서도 개성을 느낄 수 있는 이미지의 스타일을 말한다.

모던 스타일은 모더니즘에서 유래된 스타일로서, 모더니즘은 구조와 기능에 대한 순수한 접근으로부터 시작되었다. 필요 없는 장식을 배제하고 순수한 기능과 가공되지 않은 자연적인 소재들의 본질적인 아름다움을 표현하는 건축물의 기하학적 구조에 초점을 두는 것으로 건축 분야뿐만 아니라 가구와 예술작품으로도 그 범위가 확장되었다.

그림 11) 모던 스타일 주택(From 이동혁 건축가)

4. 한옥(韓屋)

한옥이란 기둥과 보가 목구조 방식이고 한식 지붕틀로 괸 구조로서 기와, 볏짚, 목재, 흙 등 자연재료로 마감한 우리나라 전통양식이 반영된 건축물을 말한다.

한옥의 가장 큰 특징은 난방과 냉방이 균형 있게 결합된 구조를 갖추고 있다는 점이다. 한옥의 온돌방은 온돌의 바닥을 이중으로 하고, 바닥 밑에 연기를 통하게 하여 따뜻한 공기로 바닥을 덥히는 한

반도 고유의 난방법을 이용하였다. 대청과 마루는 마루방으로, 마루 밑은 뚫려 있어 통풍이 잘 되며 칸막이나 문도 없이 지붕만 있기 때문에 여름철 냉방에 좋다.

또한 전통한옥은 건물과 담장에 의해 공간의 분할과 연결이 복잡하면서도 교묘하게 이루어져 있다는 특징이 있다. 이질의 생활공간을 한 부지 내에서 분리와 통합이 동시에 이루어지게 하는 역할을 하는 것이 바로 담장이다. 한옥에는 현관이 없다. 신을 벗는 곳은 각 방 앞에 있는 툇마루이며 어느 곳에서나 오르내리기 좋아 밖으로의 연결이 자연스럽다.

그림 12) 한옥 표준설계 투시도(From 경상북도)

G. 전원주택의 종류Ⅲ
– 소재에 따른 주택의 유형

전원주택은 사용재료 또는 구조방식에 따라 조적조 주택, 철근콘크리트 주택, 목조 주택, 스틸하우스, ALC 주택, 황토 주택 등으로 분류할 수 있다. 이는 주택의 뼈대를 형성하는 구조체(골조)를 기준으로 한 것으로, 각각의 특징을 간략히 소개하면 다음과 같다.

1. 조적조 주택

일명 벽돌집으로도 불리는 조적조 주택은 벽돌을 쌓아 건축하는 형태이며, 주로 철근콘크리트와 병행하여 건축되며, 외부 모양을 자유롭게 할 수 있어 개성 있는 집을 지을 수 있다.

외벽도 인조석 등으로 치장하여 색다른 분위기와 다양한 형태의 연출이 가능하다. 그러나 목재나 흙에 비해 습도 조절능력이 떨어지며 벽체가 두꺼워 실면적이 다소 줄어들고, 벽돌을 쌓고 말려야 하기 때문에 공사기간이 다른 공사에 비해 긴 편이다.

  주요 건축자재인 벽돌이 바람, 습기, 화재에 강해 내구성, 내화성이 뛰어날 뿐만 아니라 화학작용에 대한 적응력이 높기 때문에 특별한 보수가 필요 없는 반영구적인 주택이라는 점을 장점으로 들 수 있다.

2. 철근콘크리트 주택

  철근콘크리트(Reinforced Concrete) 주택은 골조가 콘크리트 속에 철근을 넣어 압축력이 강한 콘크리트와 인장력이 강한 철근의 특성이 하나가 된 벽체로 이루어진 주택을 말한다. 재료공학이나 역학에 대한 충분한 지식과 구조계산에 의해 합리적으로 설계되고, 세밀하고 과학적으로 시공되어야 하며, 건물 각부의 설비와 어울려 견고하고 미려한 주택이 될 수 있다.

  근래에는 철근콘크리트 구조의 결점을 보완한 구조 개선, 양단열 공법 채용을 통한 단열성능 개선 등이 이루어지고 있고, 각종 폼 등 신소재의 개발에 따라 공기가 단축되고 있다.

  장점으로 내구성과 내화성이 우수하고 지진이나 태풍에도 강하며, 다양한 형태의 건축물을 만들 수 있다는 점과 경제적이고 유지관리가 용이하다는 점을 들 수 있다.

그밖에 거푸집 탈형 후 콘크리트 면을 단순 노출시키거나 거푸집재의 나뭇결무늬를 콘크리트 표면에 표출시키는 노출콘크리트(Exposed Concrete) 주택이 있다.

3. 목조 주택

목조 주택이란 목재를 구조체로 하여 지어진 주택을 의미하며, 구조재로 사용된 목재의 규격, 크기 및 시공방법에 따라, 경량목구조 주택(Light Weight Wood Framed House), 통나무 주택(Log House), 기둥-보 구조 주택(Post & Beam House) 등으로 분류한다.

경량목구조 주택은 말 그대로 사용된 구조용 목재의 두께가 대부분 2×4"(Two by Four Inch), 2×6"(Two by Six Inch)로서 다른 구조보다 가벼운 목재를 사용하기 때문에 붙여진 이름으로, 미국이나 캐나다에서는 대부분의 일반 주택이 이 방식으로 건축되고 있다. 일본에서는 전통적으로 기둥-보 구조 건축양식이 채용되고 있다.

천연 소재인 목재를 주소재로 사용하기 때문에 목재 자체의 여러 가지 특성으로 말미암아 매우 쾌적하고 안락하며 건강에도 유익한 주거 공간을 제공한다. 하지만 천연 자재이기 때문에 흰개미 등의 영향을 받을 수 있고, 모두 수입에 의존하고 있는 실정이며, 방화 석고보드로 시공하지 않으면 화재에 취약하다는 단점이 있다.

　장점으로는, 높은 단열효과 및 목재 자체의 흡수성이 뛰어나 외부 소음을 차단하는 방음효과와 실내습도를 자연적으로 조절하므로 항상 쾌적한 실내 분위기를 만들어준다는 점을 들 수 있다.

4. 스틸하우스

　스틸하우스(Steel Framed House)는 기존 주택의 골조를 경량 철강재로 대체한 것으로, 조적조나 목구조를 대체하는 새로운 구조 형태의 주택이다. 골조는 두께 1㎜ 내외의 아연도금 강판을 'C'자 모양으로 가공하여 강도를 높인 스터드(Stud, 수직재) 등을 기본 재료로, 이들을 조립하여 패널 형태로 시공하는 것이다.

　즉, 스틸하우스는 시공성이 좋은 목재의 장점을 살리면서 구조부재로서 강재의 장점을 동시에 가지고 있는 우수한 골조시스템이라 할 수 있으며, 결로현상과 층간 소음이 발생할 수 있어 시공에 유의해야 한다.

　장점으로는, 시공이 간편하며 지진이나 화재 등 천재지변에도 안전하고, 내부설계가 자유로우며 보온 및 단열성이 기존 주택보다 월등히 우수하며, 골조가 뒤틀리거나 썩거나 할 염려가 없어 수명이 반영구적이라는 점을 들 수 있다.

5. ALC 주택

ALC란 'Autoclave Light-weighted Concrete(경량기포콘크리트)'의 약자로서, 석회질 원료와 규산질 원료를 주원료로 물과 발포제를 첨가하여 고압용기(Autoclave) 속에서 고온, 고압 증기로 양생한 다공질의 콘크리트 블록을 말한다. ALC 주택은 ALC를 이용한 별도의 단열 및 구조재 없이 건축하는 주택이다.

경량, 내화, 단열, 차음 성능이 우수하며, 유지비가 저렴하고, 자연과 함께 하는 친환경 주택이라는 장점이 있다.

6. 황토 주택

황토 주택이란 주택의 주요 구조부인 벽, 지붕, 바닥 등을 황토라는 소재를 사용하여 짓는 주택을 말한다.

'살아있는 흙'이라고도 불리는 황토는 직경 0.02~0.002㎜ 크기의 흙으로 1g당 2억~2억 5천 마리의 미생물이 존재해 인체에 유익한 역할을 하며 60℃ 이상의 열을 가하면 원적외선이 방출된다. 황토 속에서 방사되는 원적외선은 인체 내의 수분을 알맞게 유지시키는 건습작용과 체온을 적정 수준으로 유지시키는 작용을 한다.

황토로 흙벽돌을 찍을 때에는 일정한 크기의 나무나 쇠틀로 찍어 내는데, 차지게 갠 황토에 무농약 볏짚을 4~5㎝ 크기로 토막 내어 황토의 찰흙과 같이 섞어야 한다. 그래야 볏짚 속의 아스파라기라스, 오라제라는 미생물의 도움을 얻어 오염된 바깥 공기가 황토방으로 들어올 때 황토벽이 필터 역할을 해 공기가 깨끗해진다.

무엇보다도 황토 주택은 토속적 정취의 미학을 통해 현대 건축의 규격화를 거부하며 단열 및 방습효과가 뛰어나다고 할 수 있다.

이상의 주택에 대한 특징을 요약하면 표1과 같다.

표 1) 소재에 따른 주택의 종류와 특징

구분	조적조	철근콘크리트	목조	스틸하우스	황토
정의	- 벽돌 쌓기 방식	- 철근배근과 콘크리트 타설로 구조체 형성	- 구조체를 나무로 짜 맞추는 방식	- 경량 철강재로 구조체 형성	- 황토벽돌 쌓기 방식
구조적 특징	- 저층건물(2층)에 적합 - 줄눈 방수처리 기술 요함(백화 현상 발생) - 단열, 방수, 정밀시공 요함	- 중고층 건물에 적합 - 건물수명이 오래감 - 내화성 좋음	- 내구성 양호 - 건물 수명이 오래감 - 건조수축에 따른 구조체 변형 유의	- 신공법 - 화재, 지진, 태풍, 내구성 강함 - 반영구적인 재료 - 부식 주의	- 건물 수명이 오래감 - 공기 흡수/방출, 신진대사 촉진, 몸속 독소 제거 - 단열, 방수, 정밀시공 요함
시공성	- 시공기간이 길다(3~4개월) - 동절기 공사 불가 - 곡선 형태 양호	- 시공기간이 길다(3~6개월) - 동절기 공사 불가 - 곡선 형태 양호	- 시공기간이 짧다(2~3개월) - 동절기 공사 가능 - 곡선 형태 불리 - 주요 자재 수입	- 시공기간이 짧다(1~2개월) - 동절기 공사 가능 - 곡선 형태 불리	- 시공기간이 길다(3~6개월) - 동절기 공사 불가 - 곡선 형태 양호
거주성	- 방음 양호 - 단열 불리 - 내열성 양호	- 방음 양호 - 단열 불리(양단열 시공 시 우수) - 내열성 우수	- 방음 불리 - 단열 양호 - 내열성 약함 - 습도조절 우수 - 방부, 방충, 화재에 취약	- 방음 불리 - 단열 불리 - 내열성 양호	- 방음 양호 - 단열 우수 - 내열성 불리 - 습도조절 우수
유지관리비	- 중간	- 적음	- 많음	- 중간	- 중간

터잡기

H 최적의 전원주택지는? | I 1가구2주택 양도세 면제요건 | J 터잡기 사례

최적의 집을
지을 수 있는
장소는
어디인가?

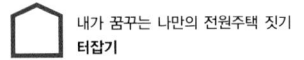

H. 최적의 전원주택지는?

　개인적인 취향이나 호·불호가 달라서 "전원주택지는 어디가 좋다, 어디가 명당이다"라고 한마디로 단정하기는 어렵다. 좋은 전원주택 부지는 크거나 화려하지 않아도 맘 편히 즐길 수 있는 곳이어야 한다. 직접 집터를 잡아 전원주택을 지을 계획이라면 지역과 토지 선택이 가장 중요하며, 교통 여건과 주변 환경을 신중하게 고려해야 한다.

　전원주택 터를 잡기 전에 꼭 명심해야 할 사항은 가족의 동의와 함께 5도(都)2촌(村)이 됐든 4도3촌이 됐든, 또는 상시 거주하게 됐든, 귀촌하여 이웃과 잘 적응하며 전원생활을 할 각오가 돼 있는가이다. 특히 집안의 주부가 반대하면 전원생활을 오래 지속하기가 쉽지 않다. 은퇴 후 여생을 보낼 곳으로 좋은 터를 찾아 개성 있는 집을 잘 짓고도, 2~3년을 버티지 못하고 귀촌을 접는 사례가 적지 않다고 한다. 친구가 하니까, 이웃이 하니까, 무작정 따라하다간 낭패를 당할 수도 있으니, 가족의 동의와 마음의 준비가 확실히 되었을 때 시작하라고 권하고 싶다.

경기도 가평군 설악면에 위치한 농가주택을 구입·개조하여 전원주택으로 사용하고 계시는 선배교수님 말씀에 따르면, "서울을 중심으로 볼 때, 최적의 전원주택지로는 첫째, 앞으로는 서울도 아열대 기후가 되어 무더워지기 때문에 북쪽으로 가야 하는데, 북쪽은 휴전선과 인접해 있어 동북 방향이 좋고 둘째, 서울의 대기오염에서 완전히 벗어나려면 최소 40km는 떨어져 있어야 하며 셋째, 앞으로는 엄청난 물 사용으로 인한 물 부족으로 물이 중요해지기 때문에 오염되지 않은 물이 충분한 곳이어야 한다"고 하셨다. 이에 따라 지도를 펴놓고 서울을 경계로 동북방향 40여km에 위치한 물 많은 곳을 찾아보니 그곳이 경기도 가평군 설악면이었다는 것이다(강원도 설악산과 혼동하지 마세요). 설악에서 동쪽 방면으로 10여km를 더 가서 위치한 전원주택지를 구입했던 필자로서는 선배교수님의 말씀에 전적으로 동의하며 만족스러운 전원생활을 영위하고 있다.

'아열대 기후(亞熱帶氣候, subtropical climate)'란 열대 주변에서 나타나는 기후로, 월 평균기온이 섭씨 10도 이상인 달이 한 해 8개월 이상이고, 가장 추운 달 평균기온이 18℃ 이하인 기후를 말한다(가장 추운 달 평균기온이 18℃를 넘으면 열대기후에 속함). 참고로, 최근 보도에 의하면 한반도에서 예측되는 아열대 기후 지역은 그림13과 같다. 지구 온난화로 한반도는 아열대화가 급속히 진행되고 있어, 한반도 기후가 지금 동남아 기후와 비슷해지는 날도 머지않았다는 것이다. 현재 제주도와 부산~목포 지역을 연결하는 아열대 지역은 21세기 말쯤 강원도 산간 지역을 제외한 남한 전 지역과 황해도 연안까지 확대될 것으로 예측됐다.

사실, 사과 주산지 변화를 보면, 우리나라도 아열대 기후로 바뀌고 있음을 실감하게 된다. 한때, '사과' 하면 '대구능금'이었으나, 현재는 '충주사과'가 유명하다. 앞으로는 점점 북상하여 '춘천사과', '양구사과'가 되지 않을까 싶다.

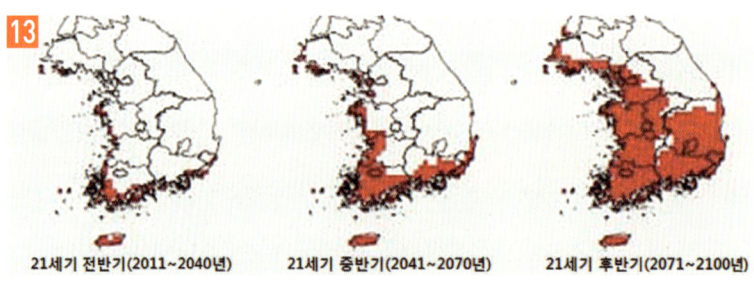

그림 13) 21세기 한반도의 아열대 기후 지역

기본적으로 전원주택지는 자신과 함께 거주할 가족 모두가 좋아하고, 자녀들도 대대로 살고 싶어 하는 집터면 무난하다고 생각한다. 하지만, 장기적인 관점에서 볼 때, 변화무쌍한 기후변화에도 이상이 없고 지속적으로 불편함 없이 전원생활을 즐길 수 있는 전원주택지로서 갖춰야 할 일반적인 조건들을 살펴보면 다음과 같다.

1. 교통: 모도시와의 접근성이 용이한 곳에 위치

　전원주택지로서 최우선적으로 고려해야 할 것이 교통이다. 전원주택을 '세컨하우스(Second House)'로 삼고자 하는 경우에는 자신이 거주하는 도시와의 거리가 가장 중요한 요소이고, 전원주택으로 거주지를 옮기고자 하는 경우에는 직장 등 생활근거지와의 거리를 고려해야 한다.

　최적의 전원주택지는 교통이 원활하여 평일 기준, 승용차로 1시간 내지 1시간 30분 이내의 거리에 위치해야 하는 것으로 알려져 있으며, 최근 서울의 경우 2시간 거리 이내의 지역에도 점차 전원주택 수요자들이 증가하고 있다. 가능하다면, 고속도로 나들목(IC)까지 1시간 내외 걸리고, 그 나들목에서 10분 내외 거리에 있으면 가장 적합하지 않을까 생각한다. 복선전철역 주변도 좋은 전원주택지이다.

　최적의 전원주택 부지로는 고속도로에서 2km 이상, 4차선 도로에서 1km 이상, 2차선 도로에서 300m 이상 떨어져 있어야 차량소음에도 문제가 없고, 타이어와 매연의 미세분진에도 피해가 없다고 한다.

　도시에서 생활하다 언제라도 부담 없이 갈 수 있으며, 여차하면 통근도 가능한 거리에 있는 곳이 좋다. 2시간 이상 걸리게 되면 처음에는 자주 다니다가도 시간이 지남에 따라 가는 횟수가 줄어들게 된다. 필자의 생각으로는 위 선배교수님 말씀이 대부분 맞는 것 같으며, 다만 서울의 경우 도심을 통과하는 데에도 많은 시간이 걸리기 때문에 그림14에서 보는 바와 같이 권역별로 자신의 거주지나 직장 등 생활근거지를 기준으로 자신에게 적합한 전원주택지를 고를 수 있을 것으로 본다. 예를 들면, 서울 강남, 서초, 송파구 등의 동남권이나 성동, 광진, 중랑구 등의 동북1권의 경우에는 양평, 가평, 춘천, 홍천,

그림 14) 서울시 권역 생활권 구분(단위: 만 명)

횡성 지역이, 서남권이나 서북권의 경우에는 강화, 파주, 포천, 연천 등이 적합하지 않을까 싶다. 또한 승용차로 2시간이 걸린다 할지라도 전철역이 인접해 있다면 전원주택지로 인기가 좋다. 이밖에 대중교통수단과의 연계도 고려해 보아야 한다.

  물론 위 조건은 은퇴 후 귀촌하여 항시 거주할 목적으로 전원주택지를 찾는 분들에게는 해당되지 않는다.

2. 환경: 자연환경이 잘 보존된 지역에 위치

대부분의 사람들은 도시의 열악한 주거환경에서 벗어나 양호한 자연환경에서 거주함으로써 도시생활에서 축적된 피로를 제거하여 본인과 가족의 정신과 육체의 건강에 활력을 주기 위해 전원주택을 찾고 있으므로, 전원주택지 선정에 있어 우선적인 고려사항 중 하나가 자연환경이다.

그러나 일반적으로 전원주택지로 거래되는 부동산은 빼어난 경관을 요구하는 것은 아니라는 점에서 '별장'과 구분된다. 통상 전원주택이 갖추어야 할 기본적인 자연환경은 주택을 뒤로한 산과 자그마한 개울, 맑은 공기, 넓게 트인 논과 밭의 전경을 구비하고 있으며 도로나 공장, 고압선이 지나가는 송전탑, 축사(畜舍), 특히 양계장과 양돈장 등으로부터 격리된 지역을 들 수 있다.

그리고 일반주택이 지닌 생활 편의시설의 이용에 커다란 어려움이 없어야 한다. 주·부식을 구입할 수 있는 상점(마트)이나 응급 시 필요한 병원, 약국 등 생활 필요시설에 승용차를 이용하여 빠른 시간(30~40분 이내)에 도달할 수 있어야 한다. 항시 거주 목적인 30~40대에게는 자녀의 교육문제가 중요한 일이므로 주변에 학교도 있어야 한다.

그밖에 치안상태가 안전한지, 하수처리가 가능한지, 곤충이나 들짐승 피해지역인지, 지뢰매설 지역인지, 주관적이지만 경우에 따라

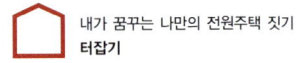

서는 주변에 묘지 또는 사찰, 교회 등 종교시설이 있는지 등을 유의해서 살펴볼 필요가 있다.

건축 노하우 ①
"강변이나 계곡은 피하자"

대부분의 사람들이 '전원주택지' 하면 떠올리는 장소가 강변이나 계곡이다. 하지만 나이 들어 마련하는 전원주택지라면, 반드시 피해야 하는 곳이 바로 강변과 계곡이다. 왜냐하면 호수나 강가, 큰 개울가 주변의 아침 물안개에는 몸에 해로운 중금속이 많이 포함되어 있기 때문이다. 특히 관절염 환자들에게는 습한 공기가 치명적이다. 물은 집에서 멀찍이 떨어진 곳에 위치해 그저 바라만 보는 것이 제일이지만 그래도 강변을 원한다면 물의 흐름이 완만한 곳을 찾는 게 낫다. 물론 주변에 큰 강이 흐른다면 좋겠으나 강변에 인접한 전원주택이 있을 필요는 없고, 마음만 먹으면 언제든지 갈 수 있는 거리인 1~2㎞ 이내에 위치해 있는 것이 무난한 편이다. 경치 좋은 강변은 하룻밤 머물 수 있는 펜션으로 적당하다.

물소리가 크게 들리는 계곡 옆에는 집을 짓지 않는 것이 좋다. 무엇보다 외딴 계곡은 도둑, 강도 등 방범 문제와 폭우, 폭설 등의 재해 문제에 무방비로 노출돼 있기 때문에 피해야 한다.

3. 지형: 배산임수(背山臨水), 전저후고(前低後高)

위 1, 2항을 만족시키는 지역이 결정된 후에는 그 지역 내에서 자신에게 적합한 전원주택지를 찾아야 한다.

개인이 직접 전원주택지를 마련할 계획이라면, 큰 도로에서 포장된 마을도로를 따라 1km 이내의 마을 끝자락 언덕바지에 위치하며 뒤로는 야트막한 산이 있고 앞으로는 마을이 내려다보이는 곳이 가장 이상적이라 할 수 있다.

마을 중간에 전원주택이 위치할 경우, 아무리 마을 주민들과 친하게 지내더라도 과거의 생활환경이 다르기 때문에 100% 동화되기 어렵고 이질감으로 인해 스트레스를 받을 수 있기 때문이다. 그렇다고 해서 전원 분위기와 경관을 우선시하여 마을에서 멀리 떨어진 외딴 계곡 속으로 들어가면 방범 문제와 위급상황 등에 대처하기가 어렵다.

정답은 마을 주민들과의 '불가근불가원(不可近不可遠)'이다. 시골에서는 이웃집 숟가락 개수까지 알 수 있을 정도로 비밀이 없는 편인데 마을 중간에 거주하게 되면 사생활을 보호하기가 힘들어진다. 하지만 근처에 현지 주민이 살고 있어야 부재 시 외지인 방문이나 도둑 등을 막아줄 수 있으며, 위급상황 시 도움을 받을 수 있다. 인사도 없이 지내는 각박한 도시 이웃과 달리 농촌 주민들은 순박한데다가 조그마한 선물이라도 건네면 반드시 답례를 하는 등 좋은 분들이 많기 때문에, 이웃해 있는 한두 집 정도와는 친하게 지낼 것을 권한다. 주민들과의 불화, 적응부족, 싫증 등으로 인하여 떠나고자 하는 경우도 많다고 한다.

만약 농촌 주민들과 교류를 원하지 않는다면 사업자가 조성한 진입도로, 전기, 통신, 상·하수도, 방범장치 등이 완비된 전원주택단지로 들어가는 것이 좋다. 하지만 사업자가 조성한 전원주택지는 상대적으로 가격이 비싸며, 택지의 크기가 대부분 330~660㎡(100~200평)의 면적으로 구획되어 있어 주말에 가든파티라도 하려면 옆집에 소음피해를 줄 수 있다. 반대로 조용히 휴식을 취하려 하는데 옆집으로부터 방해를 받을 수도 있다.

이에 비해 마을 끝자락에 위치해 있는 단독 전원주택지(대지로 형질변경이 가능한 밭이나 임야)는 상대적으로 저렴하게 구입할 수 있다. 텃밭을 포함해 1,000~1,500㎡(약 300~450평) 정도의 택지를 마련한다면 이웃도 마찬가지로 텃밭이 있는 농가주택에 살고 있기 때문에 집과 집 사이의 거리가 상당히 떨어져 있어 신경을 크게 쓰지 않아도 된다.

그러나 언덕바지에 위치해 있더라도 토지의 경사도가 너무 심할 경우 건축허가가 나지 않을 수 있으며 여름철 집중호우 시 무너져 내릴 가능성이 있다. 진입도로의 경사가 심하다면 겨울철 폭설 시 차량통행에 어려움이 있을 수 있으므로 유의하도록 한다.

건축 노하우 ②
"위치가 반드시 남향일 필요는 없다"

예전에는 주거의 위치가 남향이어야 좋다고 하였었다. 그러나 요즘은 전망만 좋다면 굳이 남향을 고집할 필요는 없다. 어떤 전문가는 아침 햇살이 보약이기 때문에 동향이 좋다고도 하고, 어떤 이는 동남향이 좋다고도 한다. 하지만 뒷산이 낮아서 일조권만 충분히 확보된다면 북향도 마다할 이유는 없다고 본다. 건축설계 시 현관이 북쪽에 위치하더라도 남쪽에 창을 내어 실내로 충분한 양의 햇빛이 들어오게 할 수 있으며, 시공 시 성능이 우수한 단열재를 사용하여 겨울 추위에 대한 보온 문제도 해결할 수 있기 때문이다.

김하나 한경닷컴 기자의 기사에 따르면, '전원주택은 동향 벽돌집이어야 튼튼하고 난방비가 덜 든다'고 하였다.

4. 구입: 전원주택 부지 또는 농가주택

이상의 조건들을 참조하여 마음에 드는 전원주택 부지나 농가주택을 찾았다면, 마지막으로 '건축허가를 받는 데 문제는 없는지, 크기는 적당한지, 가격은 합리적인지' 등을 검토해야 한다. 전원주택 부지의 땅값은 천차만별이다. '땅은 주인이 따로 있다'라는 속설도 있다. 아무리 마음에 들어도 맹지(도로와 인접해 있지 않은 땅)라서 건축허가가 나지 않는 땅이면 안 되고, 아무리 마음에 들어도 주변 시세에 비하여 가격이 너무 비싸면 구입을 망설이게 된다.

전원주택지는 한번 구입하면 여생을 보낼 곳이기 때문에, 서두르지 말고 충분한 시간을 가지고 신중히 찾을 것을 권고한다. 보기 좋은 땅보다는 살기 좋은 땅을 찾아야 한다. 지목이 전(밭)인 경우라도 나무가 심어져 있는 곳이 있고 임야의 경우 숲이 우거져 있어 여름철에는 지표면 상태를 정확히 확인하기가 곤란하기 때문에, 늦가을에서 초봄사이에 찾는 것이 좋다.

마음에 드는 땅을 찾았다면, 두 번 이상(오전, 오후) 방문하여 일조량, 통행차량 등을 체크해 보기 바란다. 가장 좋은 방법은 여름 장마철과 한겨울 땅의 상태를 확인하는 것이다. 많은 노력을 기울이고 발품을 팔아야 좋은 땅을 얻을 수 있으며, 충분한 연구와 현장답사가 수반되어야 전원생활의 실패확률을 줄일 수 있다.

필자의 예를 들어보면, 처음에는 배산임수에 남향이면 다 좋은 줄 알고 다른 주변상황을 고려하지 않고 쉽게 구입했다가 손해를 감수하고 처분했던 경험이 있다. 현 전원주택 부지는 2년여 동안 찾은 끝에 위의 조건들 대부분을 만족시키는 터를 마련할 수 있었다. 주말 내내 이동하는 차 안에서 아내와 김밥을 먹으며 택지를 찾아 헤매던 기억이 생생하게 떠오른다.

건축 노하우 ③
"건축허가의 가능여부는 꼭 확인하자"

구입예정 토지에 대한 토지이용계획확인원, 지적도(또는 임야도), 토지대장 및 등기부등본을 발급받아 구입할 토지가 지적도(임야도)와 동일한지 여부와 농림지역이 아닌 관리지역(계획관리, 보전관리, 생산관리)으로 도시민이 합법적으로 구입하여 농지전용허가를 받아 전원주택을 짓는 데 하자는 없는지 확인해야 한다. 이때 맹지는 진입도로 문제가 해결되어야 하며, 실제 포장된 도로가 있더라도 사도(私道)의 경우가 있으므로 통행과 인허가에 문제가 없는지 시·군청에 직접 확인해 보아야 한다. '국토 계획 및 이용에 관한 법률'의 저촉 여부도 확인해야 한다.

건축 노하우 ④
"구입 면적은 언제나 더도 말고 덜도 말고"

얼마만한 면적이 적당한 지는 개인차가 크기 때문에 "몇 평이 좋다"라고 한마디로 말하기 곤란하다. 다만, 너무 큰 면적을 구입하게 되면 관리하는 데 힘이 들어 주말에 쉬러 가는 주말 전원주택이 아닌 일하러 가게 되는 곳이 되기 때문에 쉽게 지칠 가능성이 있고, 심하면 포기하게 될 지도 모른다.

전원주택에 대한 일반적인 인식 가운데 공통적인 부분은 '전원주택 구입 시 본인과 가족들이 적은 규모로나마 꽃이나 유실수, 작물 등을 직접 재배할 수 있는 여유 공간에 대한 확보'이다. 이러한 여유 공간은 집터, 마당, 주차장, 텃밭 등을 고려해서 1,000~1,500㎡(약 300~450평) 정도면 적당하다.

건축 노하우 ⑤
"전원주택 부지 구입에 있어서 반드시 체크해야 할 사항!"

전원주택 부지가격에 있어서 구입자 입장에서는 "싸게!"를, 매도자 입장에서는 "비싸게!"를 외치겠으나 주변시세를 참조해 합리적인 가격으로 구입하면 된다. 가장 기본적으로 땅값은 적절한지, 더 나아가서 향후 발전가능성이 있어 환금성은 있는지 등을 분석해 보아야 한다.

이때 주의해야 할 점은 '경관만 보고 구입하지 말 것'이며, '토지가 싸다고 무조건 구입하지 말라'는 것이다. 왜냐하면 토지를 사 놓기만 하는 것이 아니라 형질변경을 하여 집을 짓고, 마당과 주차장을 조성하고, 텃밭을 만들어야 하기 때문이다. 전원주택 부지 구입에 있어서 고려해야 할 사항이 몇 가지 있다.

첫째, 토지의 내력을 확인해야 한다. 매립한 땅은 건축물의 침하로 인한 균열을 초래할 수 있다. 둘째, 경사지이기 때문에 성/절토를 한다든가 축대를 쌓아야 한다면, 흙이나 석재 구입비, 굴삭기를 이용한 토목공사비, 인허가 비용 등을 고려해야 한다. 셋째, 200m 이내의 전봇대 유무를 확인해야 한다. 전기를 끌려면 50m당 전봇대 하나씩 설치해야 하는데 200m 초과 시 전봇대 한 개 설치에 200만원 정도 추가비용이 들어가기 때문이다. 넷째, 상·하수도 문제로서 마을에 공동 상수도가 있으면 가장 좋고, 아니면 지하수를 파야 하는데 그 비용이 만만치 않으며 수질검사도 해야 한다. 대부분 시골 지하수의 경우 철분이 있고, 인근 농경지에서 스며든 농약, 축사분뇨 등으로 오염되어 있어 식수로 부적합할 수 있다. 하수도의 경우 정화조 설치 요구 지역과 하수종말처리장으로 연결된 오수관 설치 지역으로 나뉘어 토지의 위치에 따라 설치비용에 차이가 난다.

건축 노하우 ⑥
"농가주택을 구입할 때 선부른 매입은 금물"

허름한 농가주택을 경매나 일반매매를 통해 사들여 리모델링하거나 새로 짓는 방법(개축)으로 전원생활의 꿈을 이룰 수 있다. 농가주택을 구입하면, 농지전용 절차가 필요 없기 때문에 시간과 비용 면에서 유리한 측면이 있다. 하지만 시골 농가주택은 사기 전에 반드시 확인해야 할 사항들이 있다. 먼저 시골집은 대지가 아닌 농지(전답)에 들어선 경우가 있으며, 무허가 집도 많으므로 등기가 완전한지에 대해서도 파악해야 한다. 진입도로에 문제는 없는지, 토지주와 건물주가 동일인인지 등도 필수 확인사항이다.

5. 농지전용

전답 등 농지나 산지(임야)를 구입해서 집터를 잡았다면 집을 짓기 위해 먼저 지목을 대지로 바꾸는 절차를 밟아야 하는데, 이를 농지(산지)전용이라고 한다. 개인이 받을 수 있는 농지전용 면적은 최대 1000㎡이다(계획관리지역 제외). 하지만, 농지전용 면적은 가급적 660㎡(200평) 이하로 하는 게 도시주택 양도세 면제 등 여러 면에서 유리하다(전용 시 공시지가의 30%에 해당하는 부담금도 내야 함).

농지전용 허가를 받은 후에는 집터를 평탄하게 하는 토목공사에 착수하게 된다. 성토를 많이 했을 때에는 건축 후 지반이 내려앉을 경우를 대비하여 평탄작업 시 지반을 단단히 다져주거나 봄, 여름, 가을, 겨울 사계절을 보내 지반을 충분히 안정화시키는 것이 중요하다. 건축 전 토목공사를 어떻게 했느냐에 따라 토목공사 비용, 집의 내구성, 추후 부동산의 가치 등이 결정된다고 해도 과언이 아니다.

I. 1가구2주택 양도세 면제요건

　요즘은 재테크보다 세테크가 중요하다고 하는데, 도시 주택도 유지하면서 전원주택을 구입하거나 신축하게 되면 1가구2주택이 되지만, 전원주택이 농어촌 주택의 범주에 들고, 일정한 요건을 갖추면 조세특례제한법에 따라 기존 도시 주택 매도 시 양도소득세 과세특례를 받을 수 있다.

　양도세 면제요건을 간단히 요약하면, 수도권 지역 등을 제외한 읍·면 지역에 위치하며, 취득 당시 주택 및 이에 딸린 토지의 기준시가의 합계액이 3억 원 (한옥 4억 원) 이하이어야 한다. 예전 법률에는 대지 660㎡ 이내, 단독주택 연면적 150㎡ 이내로 제한하였으나 이 항목을 삭제하여 대폭 완화하였다.

　자세한 사항은 아래 '조세특례제한법 제99조의4'를 참조하기 바란다. 이 법은 2003년 8월 1일부터 2025년 12월 31일까지 적용되는 한시법인데, 적용기간은 계속 연장되어 왔으며, 법이 수시로 개정되므로 업데이트된 조세특례제한법 확인이 필요하다.

조세특례제한법[시행 2022.1.1.] [법률 제18634호, 2021.12.28., 일부개정]

제99조의4(농어촌주택등 취득자에 대한 양도소득세 과세특례)
① 거주자 및 그 배우자가 구성하는 대통령령으로 정하는 1세대(이하 이 조에서 "1세대"라 한다)가 2003년 8월 1일(고향주택은 2009년 1월 1일)부터 2025년 12월 31일까지의 기간(이하 이 조에서 "농어촌주택등취득기간"이라 한다) 중에 다음 각 호의 어느 하나에 해당하는 1채의 주택(이하 이 조에서 "농어촌주택등"이라 한다)을 취득(자기가 건설하여 취득한 경우를 포함한다)하여 3년 이상 보유하고 그 농어촌주택등 취득 전에 보유하던 다른 주택(이하 이 조에서 "일반주택"이라 한다)을 양도하는 경우에는 그 농어촌주택등을 해당 1세대의 소유주택이 아닌 것으로 보아 「소득세법」 제89조제1항제3호를 적용한다. 〈개정 2010.1.1., 2011.5.19., 2011.12.31., 2014.1.1., 2014.12.23., 2015.12.15., 2016.1.19., 2016.12.20., 2017.12.19., 2020.12.29., 2022.12.31.〉

1. 다음 각 목의 요건을 모두 갖춘 주택(이 조에서 "농어촌주택"이라 한다)
가. 취득 당시 다음의 어느 하나에 해당하는 지역을 제외한 지역으로서 「지방자치법」 제3조제3항 및 제4항에 따른 읍·면 또는 인구 규모 등을 고려하여 대통령령으로 정하는 동에 소재할 것
  1) 수도권지역. 다만, 「접경지역 지원 특별법」 제2조에 따른 접경지역 중 부동산가격동향 등을 고려하여 대통령령으로 정하는 지역은 제외한다.
  2) 「국토의 계획 및 이용에 관한 법률」 제6조에 따른 도시지역. 다만, 「국가균형발전 특별법」 제2조제9호에 따른 인구감소지역 중 부동산가격동향 등을 고려하여 대통령령으로 정하는 지역은 제외한다.
  3) 「주택법」 제63조의2에 따른 조정대상지역

4) 「부동산 거래신고 등에 관한 법률」 제10조에 따른 허가구역
5) 그 밖에 관광단지 등 부동산가격안정이 필요하다고 인정되어 대통령령으로 정하는 지역
나. 주택 및 이에 딸린 토지의 가액(「소득세법」 제99조에 따른 기준시가를 말한다)의 합계액이 해당 주택의 취득 당시 3억원(대통령령으로 정하는 한옥은 4억원)을 초과하지 아니할 것

2. 다음 각 목의 요건을 모두 갖춘 주택(이 조에서 "고향주택"이라 한다)
가. 대통령령으로 정하는 고향에 소재하는 주택일 것
나. 취득 당시 인구 등을 고려하여 대통령령으로 정하는 시 지역 (다음의 지역은 제외한다)에 소재할 것
 1) 수도권지역
 2) 「주택법」 제63조의2에 따른 조정대상지역
 3) 그 밖에 관광단지 등 부동산가격안정이 필요하다고 인정되어 대통령령으로 정하는 지역
다. 주택 및 이에 딸린 토지의 가액(「소득세법」 제99조에 따른 기준시가를 말한다)의 합계액이 해당 주택의 취득 당시 3억원(대통령령으로 정하는 한옥은 4억원)을 초과하지 아니할 것

② 삭제 〈2007.12.31.〉
③ 1세대가 취득한 농어촌주택과 보유하고 있던 일반주택이 행정구역상 같은 읍·면 또는 연접한 읍·면에 있는 경우나 1세대가 취득한 고향주택과 보유하고 있던 일반주택이 행정구역상 같은 시 또는 연접한 시에 있는 경우에는 제1항을 적용하지 아니한다. 〈개정 2010.1.1., 2014.12.23.〉

④ 1세대가 제1항에 따른 농어촌주택등의 3년 이상 보유 요건을 충족하기 전에 일반주택을 양도하는 경우에도 제1항을 적용한다. 〈개정 2010.1.1.〉

⑤ 1세대가 수도권 내 「주택법」 제63조의2제1항제1호에 따른 조정대상지역에 소재하는 2주택(양도하는 시점의 「부동산 가격공시에 관한 법률」에 따른 개별주택가격 및 공동주택가격을 합산한 금액이 6억원 이하인 경우에 한정한다)만을 소유하는 경우로서 2020년 12월 31일까지 그 중 1주택을 양도하고 「소득세법」 제105조제1항제1호 본문에 따른 기간 내에 농어촌주택등을 취득하는 경우에는 같은 법 제104조제7항을 적용하지 아니하고, 「소득세법」 제95조제2항에 따른 장기보유 특별공제액을 공제받을 수 있다. 〈신설 2018.12.24.〉

⑥ 제4항에 따른 양도소득세의 특례를 적용받은 1세대가 농어촌주택등을 3년 이상 보유하지 아니하게 된 경우 또는 제5항에 따른 양도소득세의 특례를 적용받은 1세대가 농어촌주택등을 3년 이상 보유하지 아니하거나 최초 보유한 기간 3년 중 농어촌주택등에 2년 이상 거주하지 아니한 경우에는 과세특례를 적용받은 자가 과세특례를 적용받지 아니하였을 경우 납부하였을 세액에 상당하는 세액으로서 대통령령으로 정하는 바에 따라 계산한 세액을 그 보유 또는 거주하지 아니하게 된 날이 속하는 달의 말일부터 2개월 이내에 양도소득세로 납부하여야 한다. 다만, 「공익사업을 위한 토지 등의 취득 및 보상에 관한 법률」에 따른 수용 등 대통령령으로 정하는 부득이한 사유가 있는 경우에는 그러하지 아니하다. 〈개정 2010.1.1., 2014.12.23., 2018.12.24.〉

⑦ 제1항, 제4항 및 제5항에 따른 과세특례를 적용받으려는 자는 대통령령으로 정하는 바에 따라 과세특례신청을 하여야 한다. 〈개정 2010.1.1., 2018.12.24.〉

⑧ 농어촌주택등의 면적 및 취득가액의 산정방법, 농어촌주택등의 보유기간 및 거주기간 계산, 농어촌주택등의 판정기준 등에 관하여 필요한 사항은 대통령령으로 정한다. 〈개정 2010.1.1., 2018.12.24.〉

[본조신설 2003.12.30.]
[제목개정 2008.12.26.]

J. 터잡기 사례

그림 15) 필자가 구입한 전원주택 부지

현재 필자가 살고 있는 전원주택의 부지구입을 예로 들어 설명하

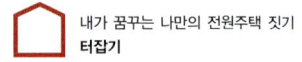

고자 한다.

  단기적인 관점에서는 현재 서울에서 직장을 다니는 입장을 생각해 주말에만 전원주택을 이용할 것을 고려했으며, 장기적인 관점에서는 은퇴 후에 노후를 보낼 전원주택 부지를 고려해 사전답사를 준비하였다.

  부지선정은 다음과 같은 조건을 정하였다.

1. 집에서 승용차로 1시간 이내의 거리일 것
2. 1가구2주택 양도소득세 면제요건이 되는 비수도권에 위치할 것
3. 업자들이 난개발하지 않은 자연 상태의 땅으로써 형질변경이 가능한 관리지역일 것
4. 가능하면 마을 끝자락에 위치한 배산임수, 전저후고 지형일 것
5. 인근에 큰 강이 있고, 농협, 마트, 철물점, 약국 등 각종 편의시설이 있을 것

  이상의 조건들을 만족시키는 부지를 찾기 위해 2년여 동안 50여 곳을 소개받아 현장을 답사하였으며, 마침내 마음에 드는 땅이 있어 구입하게 되었다. 많은 땅을 답사하다 보니 이제는 땅을 보는 안목도 커진 것 같다.

  구입한 전원주택 부지는 그림15와 같이 비수도권 지역으로 마을 끝자락에 위치한 비탈진 관리지역 전(밭)이었으며, 2년 동안 주말에 오가며 옥수수와 고구마 농사를 지었다. 초보자도 품이 덜 들고 농

사를 짓기에 가장 무난한 농작물이 옥수수, 고구마, 콩 등이다. 2년 동안 이웃주민들과도 사귀고 마을 이장, 노인 회장과도 소통하면서 마을 분위기를 파악하고 내가 집을 짓고 살기에 편안한 마을인지 살펴보았다.

그림 16) 컨테이너를 설치하고 평탄작업 중인 모습

 마을 인심도 넉넉하고 주변 풍광도 수려하여 집을 짓기로 결심하고, 구입한 땅 중에서 660㎡를 집 지을 대지로 형질변경하기 위해 해당 지자체에 분할측량과 개발행위허가를 신청하였다. 그림16과 같이 허가를 받은 후 경사진 땅을 굴삭기를 이용하여 평탄작업을 하였으며 집터 앞쪽, 마당이 위치할 장소에 쉴 공간과 농기구를 보관할 창고로 2칸으로 된 컨테이너(3×6㎡)를 주문 제작하여 설치하였다. 이때 주의하여야 할 것이 컨테이너 면적이 20㎡ 이하이면 지자체에 신고만 하면 되지만, 20㎡를 초과하면 사전에 허가를 받아 설치해야 한다는 점이다. 그림17은 경사진 집터의 절반을 절토하고 나머지 절반에 절토한 흙으로 성토하여 평탄작업을 완료한 후, 뒤쪽에는 자연석으로 석축을 쌓은 모습이다.

그림 17) 평탄작업을 완료한 집터

그리고 다시 2년 동안 주말에 전원주택지에서 더 많은 시간을 보내면서 텃밭에 농사를 짓고, 틈틈이 전원주택 관련 자료를 찾아 공부했다. 나에게 적합한 전원주택을 구상하고 설계하는 한편으로 춘하추동 사계절을 두 차례나 보내면서 평탄작업한 집터가 더 단단하게 다져지기를 기다렸다.

건축설계에 대하여

K 설계컨셉(Design Concept)   L 건축사사무소 선정   M 설계 할 때 유의사항   N 설계 사례

K. 설계컨셉(Design Concept)

집 지을 터를 잡았다면 다음 단계는 건축설계 즉, 집을 그려보는 것이다. 터잡기나 집짓기도 중요하지만 '설계'가 가장 중요하다고 볼 수 있다. 왜냐하면 집을 제대로 짓기 위해서는 설계가 완벽해야 하기 때문이다.

아파트나 도심의 단독주택과 달리 전원주택은 우선 산세나 지세 등 주변 환경을 고려하여 자연에 순응하는 주택을 지어야 한다. 나만의 독특한 주택을 짓는다며 주변에 어울리지 않는 주택을 짓는다거나 겨울철 기후 특성을 고려하지 않는다면, 건축 후 생활의 불편과 유지관리비의 증가를 가져올 수 있다. 전원주택지를 찾아다니다 예쁘게 지어진 전원주택을 보면, '나도 저런 집을 지어야지' 하며 부러워하기도 한다.

그러나 '보기 좋은 집'이 반드시 '살기 좋은 집'은 아니다. '살기 좋은 집, 건강한 집'이란 자연과 교감하는 집, 주변 경관과 소통하는 집,

햇빛이 잘 들고 실내·외 공기의 흐름이 원활한 집, 즉 숨 쉬는 집이라 할 수 있다. 집도 숨을 쉬어야 한다.

전원주택이라도 모든 것이 편리한 아파트식을 선호하는 분들이 있는가 하면, '서울시 총괄 건축가'(2014~2016)이었던 승효상 이로재(履露齋) 대표는 "집은 불편할수록 좋다. 나가서 대문을 열어주고, 뒤뜰로 나가 흙을 밟고, 수돗가에서 발을 씻고, 빗자루로 마당을 쓸면서 '생각'이란 걸 하며 살 수 있는 집, 그런 집이 좋은 집이다"라고 하였다. 그는 한 언론과의 인터뷰에서 집이란 "배부른 돼지가 아니라 배고픈 소크라테스가 사는 곳이어야 한다"고 말했다. 한윤정의 『집이 사람이다』에서는 "좋은 집이란 집의 내력과 주인의 삶이 만나면서 소박하지만 아름답게 가꿔진 공간, 즐거움과 영감을 제공하고 타인을 향해 열려 있는 공간"으로 정의하였다. 그녀는 좋은 집이란 있을 것은 다 있고 없을 것은 없는 소박한 집, 풍성한 이야기 거리가 있는 시간이 쌓인 집 등을 꼽았다. 한편, 조이스 메이나드(Joyce Maynard)는 "좋은 집이란 구입하는 것이 아니라 만들어지는 것이어야 한다"라고 하였으며, "이 세상 즐거운 많은 곳에서 날 오라 손짓하여도, 내가 쉴 곳은 작지만 아늑한 내 집뿐"이란 노랫말도 있다. 누가 해주거나 시킨 일이 아닌 내가 주체가 되어 해냈을 때 그 집에 의미를 부여할 수 있는 것이다. 이렇듯 집이란, 특히 전원주택이란 '어떤 집이 좋은 집이다'라고 한마디로 정의하기 어렵고 개성이 강한 특징이 있다.

설계에 들어가기에 앞서 꼭 생각해야 할 것으로 '적당한 규모'의 집, '에너지 절약형' 집을 염두에 두고, 다음과 같은 컨셉(Concept)들을 유념하면서 나와 내 가족에게 적합한 좋은 집을 그려보았으면 한다.

1. 강소주택(强小住宅)

작지만 실속 있는 '강소주택'을 지어라.

전원생활을 처음 시작하는 분들은 대개 무리를 해서라도 크고 화려한 내 집을 갖고 싶어 한다. 그래서 당초 계획한 예산을 초과하게 되며, 이는 나중에 불가피한 사정으로 인해 집을 처분하고자 할 때 땅을 포함한 총 매도가격을 높여 매매가 어려울 수도 있다. 따라서 규모는 작지만 단열재를 포함한 모든 자재를 정품을 사용하여 제대로 된 튼튼한 집을 지어야 한다.

한때 집의 크기가 부의 상징이기도 했으나 세컨하우스 건축이라면 쓸데없이 크게 지을 필요가 없다. 바닥 면적이 작아도 다락방과 데크(Deck) 등을 살려 공간 활용을 극대화하면 되고, 추후 세컨하우스가 아닌 메인하우스가 될 것을 고려하여 증축을 대비한 설계를 하면 된다.

자식들이 오면 자고 갈 방들, 손님방 등등을 고려하다 보면 한없이 늘어나는 것이 집 면적이다. 그런데 자식들이 자고 가는 경우는 1년에 한두 번밖에 되지 않으며 손님들도 처음 몇 년일 뿐이다. 결국

1년의 대부분을 빈방으로 있게 되고, 청소와 불필요한 유지비만 더 들어가게 된다. 박시익 선생은 "1인당 적정한 집의 면적은 20㎡(약 6평)로 4인 가족 기준으로 80㎡(약 24평) 정도가 적당하다"고 주장한다. 그에 따르면, 일본이나 독일의 경우도 비슷한 것으로 알려졌으며, 비교적 넓은 면적을 사용하고 있는 미국도 응접실은 물론 당구장이나 탁구장, 거라지(Garage, 차고; 주차는 물론 온갖 공구를 보관하는 장소) 등 여러 기능을 모두 독립된 공간으로 만들어 사용하고 있기 때문에 주거 공간만을 본다면 우리나라와 비슷한 수준이라고 한다.

최근 피데스개발과 한국갤럽이 주거공간의 변화 추이를 공동 조사한 '2016~17 주거공간 7대 트렌드' 발표에 따르면, 현재 75.1%를 차지하는 3인 가구 중심으로 주택크기는 1인당 33㎡(10평)에 수렴될 것으로 전망했다. 적정한 전원주택 규모는 창고를 제외하고 정부가 정한 국민주택 기준인 85㎡(25.7평)에 현관포치, 보일러실을 포함해서 100㎡(약 30평) 내외면 적당하다.

2. 패시브하우스(Passive House)

패시브하우스란 자연 상태의 지열이나 태양에너지를 통해 냉·난방 등을 진행하는 주택으로, 냉·난방을 위한 에너지 소비량이 연간 15 kWh/㎡ 이하이거나 최대부하가 10W/㎡ 이하인 주택을 말한다.

외부로부터 에너지를 공급받는 것이 아니라, 에너지가 집밖으로 유출되는 것을 최대한 막는 방식이기 때문에 'passive(수동적)'라는 이름을 붙인 것이다.

패시브하우스는 1988년 5월 스웨덴의 보 아담슨(Bo Adamson) 교수와 독일의 볼프강 파이스트(Wolfgang Feist) 교수의 아이디어에서 시작되었으며, 1990년 독일 다름슈타트에 최초의 주거용 패시브하우스가 지어졌다. 우리나라에는 2000년대 후반 도입되었으나 높은 비용으로 인해 대중화되지 못하고 있다. 2012년 기준 30~40채 정도가 등록되어 있다.

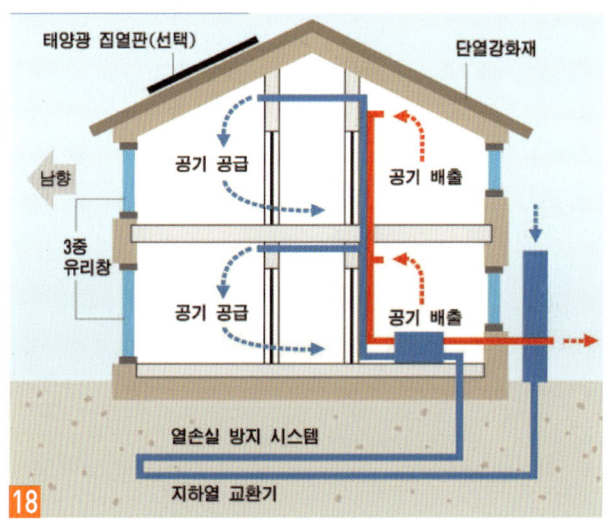

그림 18) 패시브하우스 개념도

그림18에서 보는 바와 같이, 패시브하우스는 남쪽 지붕에 태양광 집

열판을 설치하고, 창문을 통해 자연 채광을 극대화하며, 지붕과 외벽은 초고효율 단열 시공으로 열의 손실을 최소화한다. 창호도 단열 3중 유리창을 사용하며, 땅속의 지열을 이용해 겨울엔 공기를 따뜻하게, 여름엔 공기를 시원하게 바꾼 뒤 실내로 공급하는 열손실 방지 시스템을 설치한다.

앞으로 전원주택 건축은 친환경성을 살리면서 에너지가 적게 드는 집을 저렴한 비용으로 어떻게 짓느냐가 관건이다. 머지않아 외부의 전원공급을 일체 받지 않고 태양열, 태양광, 지열 등을 이용한 '제로에너지하우스'도 등장할 것으로 예상된다. 각종 매체에 소개되고 있는 친환경, 저에너지 주택은 아직 건축비가 부담되는 것이 현실이다. 궁극적으로는 외벽에 30㎝ 두께의 단열재를 사용하고 유리도 단열 3중창을 사용하여 냉·난방비 등 관리비가 최대한 적게 드는 패시브하우스를 지어야 한다.

실시설계 시 건축자재는 친환경자재를 지정하고, 외벽 두께가 늘어나더라도 내단열, 외단열 시스템을 적용하며, 비용이 많이 들더라도 시스템 창호를 사용하여 패시브하우스를 지향하도록 한다. 시스템 창호 설치에 경제적으로 부담이 된다면 2중창이나 3중창을 설치해야 한다. 단창은 겨울철 난방비 증가와 결로 현상의 원인이 될 수 있다. 창문의 크기를 줄이고, 가급적 남쪽에 창문을 내고, 북쪽엔 창문을 없애는 것도 한 방법이다. 필자 개인적인 생각이지만 사실,

도심 주택과 달리 전원주택에서는 창문의 크기나 전망이 그리 중요하지 않다고 생각한다. 왜냐하면 전원생활을 만끽하려면 집안에서의 생활보다 집밖 현관 앞이나 데크, 베란다, 발코니, 마당, 텃밭 등에서의 생활이 주를 이뤄야 하기 때문이다.

향후 인류가 직면할 가장 큰 문제가 환경과 에너지이다. 최근 정부 발표에 따르면, 주택정책에서 저에너지 건축을 유도하기 위해 2017년부터 '패시브하우스', 2020년부터는 공공건물 제로에너지 빌딩 건축이 의무화 되고, 2025년부터 신축 민간 건축물로까지 '제로에너지하우스'가 확대된다고 한다.

3. 주부중심주택

요즘은 주부들의 입김이 세다. 예전처럼 아버지나 남편이 집안의 대소사를 결정하고 집행하던 시대가 지난 지는 이미 오래되었다. 여담이지만, '세 여자의 말을 잘 들어야 좋다'라는 골프 조크가 있다. 그 첫째가 아내의 말이며, 둘째가 내비게이션 안내이며, 셋째가 골프 캐디의 말이다.

무엇보다도 주택만큼은 주부의 말을 들어서 손해 볼 일이 없다. 주택은 가족을 위한 공간이다. 그 가족의 중심에 누가 있는가? 주부는 가정살림에서부터 아이들의 양육, 교육 그리고 가족의 온갖 생활을 이끌어 간다. 그리고 주택의 주요 부분인 안방, 주방, 자녀방, 화장실 등은 말할 것도 없고, 거실에 이르기까지 주부 중심이 아닌 공간이 없다. 평면 구성도 당연히 주부의 동선을 단축시키는 데에 주안점을 두거나, 주부 중심의 실배치가 중요하다.

일례로 종전에는 주방을 북쪽 구석에 두었지만, 최근에는 주부가 많은 시간 체류하는 주방을 주택의 주요 부분인 남쪽에 배치하고 있는 추세다. 각종 가전제품은 말할 것도 없고 주택에서도 여자 중심으로 변하는 것이 시대의 흐름이므로, 설계할 때 주부의 눈높이에 맞추고 주부의 의견을 많이 반영하는 것이 좋은 집을 그리는 중요한 요소가 된다고 하겠다.

'거(居)하는 공간'이 삶의 질을 결정한다고도 하는데, 야노 케이조는 1급 건축사로서 4,000명이 넘는 부자들의 집과 사무실을 설계하고 지으면서 '공간과 작업 능률' 사이에 상관관계가 있음을 알게 되었다고 한다. 참고로, 그의 저서 「부자의 방」에 부자들이 공통적으로 매순간 실천하는 집의 공간 활용 습관이 소개됐는데, 요약하면 다음과 같다.

- 잠자는 공간에 많은 투자를 한다.
- 화장실을 항상 깨끗이 관리한다.
- 흙과 생화를 두어 생명력을 불어 넣는다.

- 혼자 사색할 수 있는 공간을 마련한다.
- 집이 휴식처가 되도록 취미공간을 만든다.
- 열린 공부방으로 자녀들의 자립심을 키운다.
- 집안 어딘 가에 남에게 자랑할 만한 장소를 꾸민다.
- 가정도서관을 두어 책 읽는 분위기를 조성한다.
- 가족의 꿈과 미래를 집에 반영한다.
- 기능성 보다는 아름다움을 우선시 한다.

L. 건축사사무소 선정

　B.C. 1세기 로마의 건축가 비트루비우스(Marcus Vitruvius Pollio)는 현존하는 고대 유일의 건축서적 『건축 10서』에서 건축물이 가져야 하는 세 가지 기본요소로 안정성(firmitas), 실용성(utilitas), 아름다움(venustas)을 꼽았다. 즉, 건축의 3대 요소를 고려하여, 건축물은 안전하며(構造), 사용하기 좋고(機能), 아름답게(美) 디자인해야 한다는 점이다. 게다가 복잡하고 다양한 해당 지자체의 건축 관련법에 합당하게 설계해야 한다. 그래서 시공 시 그만큼 시행착오를 줄이기 위해 충분한 시간과 여유를 가지고 많은 생각과 여러 대안을 검토한 후 최적의 안을 창출해내야 한다. 그런데도 많은 건축주들은 공사나 공사비에는 관심이 많으면서, 정작 설계는 대충대충 해서 하루속히 허가만 받으면 되는 것으로 생각한다. 설계를 어떻게 하느냐에 따라 공사비가 결정될 뿐 아니라 기능과 미적인 요소까지 좌우되는

데도 말이다.

건축설계는 전원주택 전문 건축사사무소를 통해 제값을 주고 하는 것이 좋으며, 대개 감리와 건축 준공까지 건축사사무소에서 책임진다.

많은 분들이 설계비를 아까워하며 오직 허가를 받기 위해 시공업체의 추천을 받아 시·군청 근처의 건축사사무소(속칭 허가방)를 찾아 건축사가 제시하는 몇 종류의 도면 중에서 마음에 드는 도면을 골라 수정하여 사용하곤 한다. 하지만 설계비를 절약하려다가 집도 제대로 짓지 못하면서, 쓸데없이 건축비를 더 지출하는 우(愚)를 범할 수 있다. 왜냐하면 집짓기의 기본이 설계이며, 설계가 완벽해야 설계변경 없이 공사를 완료할 수 있는데, 시공 도중 잦은 설계변경이 이루어진다면, 공사기간이 예정보다 지연되고 자재비가 더 들어 결국 당초 예산보다 건축비가 증가하게 되기 때문이다. 설계변경은 건축비 증가도 증가이지만 완벽시공이 어렵고 하자 발생요인이 될 수 있다.

설계는 시공까지 이어지기 때문에 매우 중요하므로 전원주택 설계 경험이 풍부한 전문 건축사를 잘 선정하여야 한다. 성공적인 설계를 위해서는 건축사와 충분한 협의과정을 거쳐야 한다. 현장답사와 많은 대화를 통해 건축주의 구상을 명확히 전달하고, 건축주의 의견이 최대한 반영되도록 한다. 설계 전에 가족들의 생활스타일, 취향 등을 자세히 설명하고 1차 설계 작업이 완료되면 건축사로부터 설계도면에 대한 설명을 들은 후 추가로 의견개진을 하여 수정·보완 과정을 거친다. 건축주는 설계의 기본인 배치도, 평면도, 입면도, 3D 투시도 이외에 실시설계(상세설계)까지 검토하여 완성도를 높여야 하며, 설계비를 아끼지 말 것을 권고한다. 대략 설계비는 총 건축비의 5~10%로 잡는 것이 일반적이다.

건축주의 예산과 요구사항이 반영된 최종 설계도(실시설계도면 포함, 50여 쪽 분량)가 완성되고, 그 디자인에 적합한 공법이 결정되면 집짓기에 들어간다.

M. 설계할 때 유의사항

1. 주부와 아이들을 배려한다.

　전원주택을 설계할 때 우선적으로 주부와 노인, 아이들을 배려하는 것이 중요하다. 자녀의 결혼, 부모님의 별세, 가장의 정년퇴직, 생업의 변화 및 취미생활 등을 고려하여 이를 설계에 반영할 필요가 있다. 거실, 주방, 식당, 침실, 화장실, 다용도실 등을 편리하게 유기적으로 연결되도록 배치해야 한다. 즉 각 실별 동선이 짧고 원활해야 한다. 노인과 아이들을 배려하여 각 실의 문지방(문턱)을 없애는 것도 한 방법이다. 미국에서는 화장실을 건식으로 사용하기 때문에 문턱 없이 거실바닥과 높이가 같아 편리한 점이 많다.

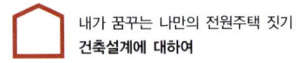

2. 장래 자산 가치를 고려한다.

집은 평생 살 곳이 아닐 수도 있다. 특히 전원주택은 언젠가 자손에게 물려주거나 팔 수도 있으므로, 향후 팔 때를 고려하여 설계해야 한다. 즉 매도에 어려움이 없도록 자산 가치를 인정받을 수 있는 주택으로 설계해야 한다. 대충 대충 지었다가는 땅값밖에 보장받지 못한다.

내진구조를 갖춰 튼튼하고 변경이 가능할 뿐만 아니라 질리지 않고 편안해야 하며, 주변 자연경관이나 이웃 주택들과 조화를 이루면서도 절제된 변화와 균형미가 반영되어야 한다.

주택의 평면설계는 입면설계에 우선하지만 연동하여 진행하는 것이 바람직하다. 평면설계는 잘됐는데 외형이 좋지 않다거나, 지붕의 형상이 잘 정리되지 못한 경우도 있으므로 평면과 입면이 균형을 이루는 설계를 해야 한다.

3. 공간의 특성을 고려한다.

주택의 공간은 진입조건과 향, 조망 등 대지 분석내용을 감안하여 특성별로 크게 구분해서 검토·구획한 다음, 거시적인 과정을 통해 미시적으로 접근한다. 주택 공간은 크게 공용 생활공간, 개인 생활공간, 그리고 가사 및 위생·설비공간으로 나눌 수 있다.

공용 생활공간은 동적인 공간이다.

가족의 휴식, 대화, 식사, 접객, 취미활동, 행사 등이 이루어지며 거실, 식당, 가족실, 영화나 음악 감상실, 운동 공간 등이 여기에 속한다.

개인 생활공간은 정적인 공간이다.

프라이버시 보호에 초점을 맞춰야 하는 공간으로 수면과 휴식, 학습 등이 이루어진다. 이러한 공간에는 안방, 침실, 서재, 독립된 발코니와 화장실, 드레스룸과 파우더룸 등이 있다.

가사 및 위생·설비공간은 동적인 공간과 정적인 공간의 중간 영역이다.

가사활동과 위생, 실내환경 유지 등이 이루어지는 공간으로 주방, 보조주방, 다용도실, 화장실, 기계실(보일러실), 창고 등이 있다.

① 거실

거실은 전원생활의 중심이 되는 곳이자 실내 마감을 통해 집안의 전체 분위기를 표현하는 곳으로, 평면계획에서 큰 비중을 차지하므로 좋은 조망을 확보할 필요가 있으며, 가족의 단란함을 유지할 수 있도록 설계해야 한다.

따라서 마당이나 정원과 연결되는 큰 창을 내고 천장을 높게 해

개방감을 충분히 확보하면서 장식과 TV 시청에 필요한 벽면도 확보해야 한다. 식당과의 연계성도 중요하다. 소형주택에서는 거실과 한 공간에 부엌을 두기도 하지만 주방설비는 은폐하는 설계가 좋다.

요즘은 안방 면적을 줄이고 거실을 크게 내는 편이다. 천장과 벽면 일부에 아트월(Art Wall)이나 간접조명을 설치하기도 한다. 장식성과 기능성을 겸하는 벽난로를 설치할 때에는 큰 공간이 필요하다. 특히 노출 벽난로는 AV제품의 배치와 중첩되는 경우가 많으므로 설계 초기에 신경을 써야 하며, 평면의 가구 배치뿐만 아니라 굴뚝 때문에 건물의 모양에도 영향을 준다.

② 안방

그동안 안방은 침실 기능만을 강화해 프라이버시에 중점을 두는 추세였으며, 거실과 식당이 예전의 안방 기능을 담당하면서 면적도 줄어들었다. 그러던 것이 최근에는 별도의 침실과 전용 화장실, 드레스룸과 파우더룸을 부속으로 두기 시작하면서 더 많은 면적을 필요로 하고 있다.

침실은 수면과 휴식을 취하는 곳이므로 조용하면서 프라이버시가 보장되어야 한다. 따라서 사용빈도가 높은 동선을 피하고, 어쩔 수 없는 경우에는 문의 위치를 조정하여 보완한다. 창은 아침 햇살을 받으면 더욱 좋지만, 조망과 채광보다는 편안하고 아늑한 실내 분위기를 위해 적당한 크기로 단순하게 마감하는 것이 좋다.

야노 케이조는 "풍수학적으로 침실은 조금 어두워야 재물운과 애정운이 쌓인다고 하는데 자신에게 적당한 밝기의 숙면환경을 만드는 것이 좋다"고 하였다. 우리는 인생의 3분의 1을 잠자는데 사용하는데, 침실에서 수면을 취하는 시간이 생각보다 많은 부분을 차지하며, 그런 만큼 침실만큼은 자신에게 알맞은 환경을 조성하는 것이 매우 중요하다.

③ 부엌

부엌은 크게 주방과 식당, 보조주방, 다용도실로 나눌 수 있다.

주방은 주부만의 공간으로 인식되어 왔으나, 요즘은 가족과 함께 요리를 즐기는 공간으로 인식이 바뀌어가고 있다. 따라서 기본 조리 동선에 따른 배치보다는 가족이 모여 함께 요리할 수 있는 공간으로 만들고, 싱크대 앞에는 큰 창을 내는 것이 바람직하다. 소형 평형에서는 필수 주방기구만으로 간결하게 정리하면서도 주부의 입장에서 식재료, 식기, 요리기구 등의 수납과 주방 이용이 편리하도록 배려해야 한다.

'밥상머리 교육'이라는 말이 있듯이, 식당은 가족의 화목과 교육을 담당하는 중요한 공간이다. 특히, 식당은 주부 입장에서 매우 활용도가 높은 공간이다. 대화, 독서, 손님 접대, 휴식 등 거실의 일부 기능은 물론, 가정관리를 위한 업무공간의 기능도 담당하므로 거실과 독립적으로 배치하는 것이 좋다. 공용 생활공간으로 거실 다음으로 비중이 큰 만큼 쾌적한 분위기와 함께 주변을 한눈에 둘러볼 수 있도록 설계해야 한다. 거실과 식당에는 큰 창을 설치하는 것이 좋다. 그래서 집 밖의 아름다운 전원풍경을 집안으로 들이는 것이다.

다용도실은 주부를 배려하여 주방 또는 보조주방과 통하도록 배치한다. 주기능은 조리 준비, 세탁, 건조, 수납 등이며, 별도의 난방을 위한 기계실이 없다면 기계실 기능도 담당한다.

④ 화장실

일반 주택에서는 통상 욕실과 화장실의 두 기능을 하나로 묶어 사용한다. 생활습관의 변화에 따라 가정에서 중요시하는 공간이 거실에서 부엌으로, 부엌에서 욕실로 변하고 있다. 요즘의 욕실은 여기에 건강과 휴식 기능을 넣어 계획하는 추세이다. 한때 편리한 샤워 중심의 목욕법으로 욕조를 들이지 않다가, 웰빙 트렌드와 반신욕이 유행하면서 다시 욕조를 들이기도 한다.

⑤ 현관

집의 첫인상을 좌우하는 현관은 주택의 얼굴이라고 할 수 있는 공간으로, 현관의 주기능은 통행, 수납, 실내·외 공간의 분리 및 완충 역할이다. 전원주택이므로 너무 협소하지 않도록 충분한 공간을 할애하는 것이 바람직하다. 소형 평형이 아니면서 별도의 수납공간이 없다면, 신발장 이외에 골프백, 스키 및 낚시용품 등의 스포츠용품 등도 수납할 수 있도록 고려한다.

현관문은 밀폐성과 단열성이 우수한 문을 사용하고, 중문을 설치하는 것이 좋다.

그밖에, 많은 남성들이 '서재'에 대한 로망을 갖고 있는데, 유감스럽게도 실제 서재를 만든 집의 90% 이상이 그 공간을 서재로써 활용하지 못하고 창고로 쓰고 있다. 차라리 여유 공간이 있다면 가족 모두가 이용할 수 있는 '가정도서관'을 만들면 어떨까 싶다.

4. 설비 관련 고려사항

- 난방방식: 주택 규모, 열효율에 따라 기름보일러, 가스보일러, 전기보일러, 화목보일러 중 선택. 태양광, 태양열, 풍력, 지열 등 대체에너지의 활용도 고려할 필요가 있으나, 도입 초기단계로 아직은 설치비용 부담이 큰 편
- 냉방방식: 개별 패키지 방식과 벽걸이형, 매립형 냉방 시스템 등
- 급수설비: (마을)상수도, 자가 지하수, 마을 공동우물, 고가수

조 형식, 가압펌프 형식 등
- ■ 전기·통신선: 소요 인입 전력수, TV, 전화, 인터넷 등
- ■ 위생설비: 종말 처리장 관로, 일반 부패정화조, 합병정화조 방식 중 선택
- ■ 부대설비: 보안시스템, 홈오토메이션, CCTV, 위성방송 등

기타사항으로 전원주택과 조화를 이루는 마당, 정원, 미니동산, 산책로, 연못, 대문, 담장, 조경석, 조경수 등을 고려해야 한다.

N. 설계 사례

현재 필자가 살고 있는 전원주택 설계를 예로 들어 설명하고자 한다.

당시 전원주택 부지를 장만한 지 3년이 지난 상태였으며, 집터를 조성한 지도 1년이 훌쩍 지났었다. 내년엔 집을 지어야 하는데, 어떤 유형의 집을 짓는 것이 좋을지, 어떤 방식으로 짓는 것이 좋을지, 잘 판단이 서지 않았다.

우선 전원주택과 관련한 인터넷 검색자료와 서적을 한 20여 권 읽었다. 하지만 저자들의 단편적이고 주관적인 얘기뿐, 종합적이고 객관적인 자료들을 발견하지 못했으며 내가 원하는 정보를 만족스럽게 얻을 수는 없었다. 그 중에서 사람이 사는 집을 생기가 충만하게 하는 것에 대해 설명한 『한국의 풍수지리와 건축(박시익 著)』과 좋은 집이 갖추어야 할 열두 가지 풍경을 설명한 『집을 생각한다(나카무라 요시후미 著)』를 참고로 평면도를 스케치해 들고 다니면서, 건축과 교수들도 만나보고, 이미 전원생활을 하고 있는 지인들도 만나보고, 전원주택지를 돌아다니며 마음에 드는 주택을 방문하여 집주인의 경험담도 들어보고, 전원주택 박람회에도 열심히 참가하여 상담하면서 평면도를 수정하고 또 수정하였다.

1. 설계교실 수강

전원주택 박람회에 참가하여 남긴 이메일로 서울 강남에 위치한 N건설(건축사사무소도 함께 운영)에서 전원주택에 관심 있는 사람들을 대상으로 15명 선착순 신청을 받아 '설계교실'을 개설한다는 안내를 받고, 그 즉시 등록하게 되었다.

설계교실 수업은 1주일에 한 번, 4시간씩, 4주에 걸쳐 진행되었다. 매주 수강생들 각자 자신이 원하는 전원주택의 배치도, 평면도, 입면도 순으로 설계과제를 숙제로 해왔으며, 수업은 자신이 설계한 도면에 대하여 설명하고, 강사가 평가하고 전문가 입장에서 수정·보완이 필요한 사항을 지적해 주며, 동료 수강생들도 의견을 개진하는 토론식으로 진행되었다. 마지막 날에는 수정·보완된 설계도를 바탕으로 모형을 제작하여 전시하고 설명하는 발표회를 가졌는데, 건축사사무소 소장과 담당강사 이외에 외부 심사자로 건축과 교수도 참석하여 수강생들이 제작한 모형작품 중에서 최우수작도 선정하였다.

필자의 경우, 설계교실 수강이 전원주택 건축에 매우 큰 도움이 되었다. 영국 유학파 강사의 전원주택에 대한 강의도 공감이 가는 내용이었고, 강사와 동료 수강생들의 의견을 참고하여 더 좋은 집을 그리게 되었다. 또한, 내 모형도가 최우수작품으로 선정되는 기쁨을 누렸으며(그림19 참조), 덕분에 전원주택 전문 N건축사사무소에서 50% 할인된 가격으로 설계를 하게 되었다.

2. 건축사사무소에 설계 의뢰

설계교실 수강을 인연으로 N건축사사무소에 설계를 의뢰하게 되었으며, N건축사사무소에서는 이미 필자가 설계한 자료를 기초로 하여, 현장을 확인하고, 공동건축주인 필자와 아내의 의견을 듣고 설계에 들어갔다. 설계는 6개월 동안

그림 19) 필자가 제작한 전원주택 모형도

수차례의 수정·보완을 거쳐 완성하였으며, 시공할 때 일부 설계변경이 있었지만 우리들의 아마추어적인 의견에 전문 설계사의 아이디어가 더해져 설계도의 완성도를 높일 수 있었다.

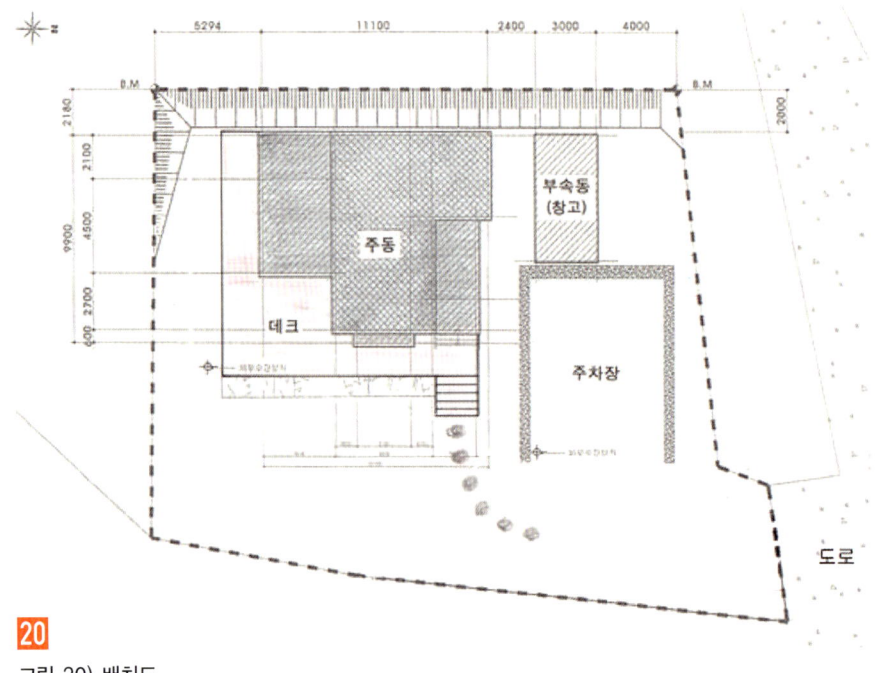

그림 20) 배치도

① 배치도

건축부지에 건물을 배치한 도면이다. 약 1,600㎡(485평)의 관리지역 전(밭) 중에서 건축부지는 1가구2주택 제외 상한선인 660㎡를 분할하여 집을 지을 수 있는 대지로 형질을 변경하였으며, 주동과 부속동(창고) 및 주차장을 그림20과 같이 배치하였다. 주택은 편의상 배산임수, 전저후고인 부지형태에 맞춰 정동향으로 배치하였으나, 실제로는 일조량을 늘리고 집터 앞쪽 멀리 위치한 안산과 조산을 향하도록 남향으로 약간 틀어 동동남향으로 지었다.

② 평면도

건물을 수평방향으로 잘라서 위에서 내려다 본 도면이다. 각 방의 넓이와 배치, 출입구, 창의 위치와 벽의 배치를 표시한 도면으로, 설계도면 중 가장 기본이 되며 중요한 도면이다.

처음에는 1층 구조의 국민주택 규모인 작은 집을 지을 계획이었으나, 전원 분위기를 살리고 가족모임이나 손님접대 등을 고려하여 2층 구조에 다락방도 넣었으며, 나름 줄이고 줄여서 연면적 124㎡ (37.5평) 규모의 철근콘크리트 주택을 짓기로 하였다.

■ 1층

그림21과 같이 1층에는 거실과 주방, 식당, 침실1(안방), 화장실, 드레스룸, 다용도실, 보일러실, 포치가 위치해 있다. 공용공간이며 가장 중요한 거실을 집 중심에서 정면을 향한 동쪽에 배치하였으며, 주방과 식당을 거실과 분리하여 남쪽에, 침실1(안방)을 집 중심 뒷면인 서쪽에, 화장실을 북서쪽 귀퉁이에 배치하였고, 안방과 화장실

사이에 드레스룸을 두었다. 주부의 편의를 위해 아파트 구조와 같이 다용도실은 주방 옆에 배치하였으며, 난방은 물론 취사에 필요한 보일러실(가스보일러)은 부엌 옆 남서쪽 귀퉁이에 두었다. 현관은 주차장으로부터의 동선을 고려하여 북동쪽에 배치하였으며, 현관과 거실 사이에는 중문을 설치하였고, 현관 앞에 여유공간으로 포치(porch, 건물 입구에 지붕이 있는 공간)를 두었다. 바닥은 각 실로 통하는 모든 출입문에 문지방(문턱)을 없앴다.

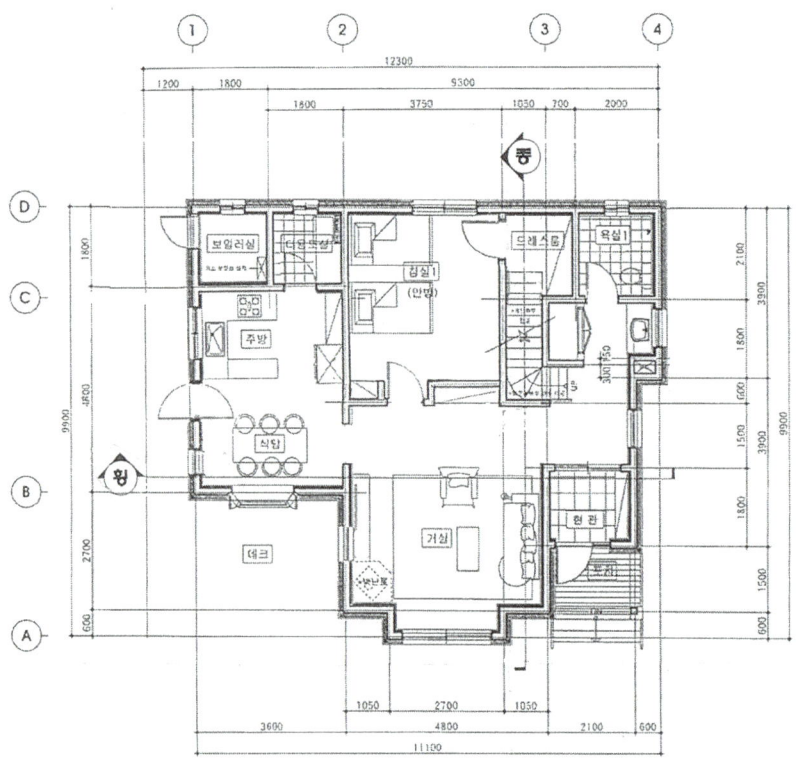

21
그림 21) 1층 평면도

특히, 부엌과 화장실은 공동건축주인 아내의 의견을 많이 반영하였다.

- 거실

전통 기와집 구조에서 대청에 해당하는 거실은 개방감과 안정감이 있어야 한다. 집 중앙에 연면적과 대비하여 상대적으로 크게 할애하였으며, 전체적으로 정육면체 구조($4.8 \times 4.8 \times H4.7m^3$)로 설계하였다. '음양 이론으로 볼 때 천장이 높으면 사람에게 높은 이상을 갖게 하고, 천장이 낮으면 이상이 부족하고 현실적이며 물질적인 가치만 추구하게 된다'고도 하며, '천장이 높을수록 좀 더 자유롭고 창의적으로 생각하는 경향이 있다'는 미국 미네소타대학 교수의 연구 논문도 발표된 바 있다. 현관에서 들어왔을 때 개방감을 갖게 하고, 주변 산세와 지붕경사도를 맞추기 위해서 벽면의 천장은 1.5층 정도의 높이로 조정하였다. 전원주택 답사를 가보면 2층 높이까지 높인 거실을 종종 볼 수 있는데, 지나치게 높으면 겨울철 난방비의 증가 요인이 된다. 천장은 중심 부분이 높고 네 귀퉁이가 낮아지는 계단식 피라미드 형태를 이뤄 안정감을 주었다(중심 부분 높이: 4.7m, 벽면 높이: 3.8m).

안방 쪽 벽면에는 매립형 5단 장을 배치하였으며, 겨울철 보조 난방으로 코너에 노출형 벽난로를 배치하였다.

- 안방

예전 한옥에서의 안방은 숙식, 손님접대, 휴식 등 다양한 용도로 사용되었지만, 요즘은 침실의 기능이 주가 된다. 따라서 안방은 프라이버시가 존중되며 편안한 휴식을 취하고 잠을 자는 삶의 충전 장소가 되어야 한다.

평면도의 침실1이 안방인데, 집 중앙 거실 뒤쪽에 정사각형으로 배치하였으며, 안쪽에 드레스룸과 연결시켰다. 창문은 밖의 소음을 줄이고 충분한 숙면을 취할 수 있도록 환기 기능 정도만 유지할 수 있게끔 크기를 작게 하였으며, 전자파의 영향을 없애기 위해 일체의 전자제품을 두지 않도록 하였다. 조명은 미국 침실처럼 천장등을 없애고, 형광등이 아닌 백열등 간접조명으로 벽면에 배치하였다.

- 부엌

설계교실 강의 설명에 따라 주방과 식당은 거실과 분리하였다. 거실과 부엌이 한 공간인 구조에서는 식사 후에 남편을 포함한 나머지 가족들은 소파에 앉아 TV를 보거나 담소를 나누는 반면 아내의 경우 거실을 등지고 홀로 설거지를 하는 일이 매일 반복되면서 무의식적으로 불만이 쌓이기 때문에 부부싸움이 발생하는 원인 중 하나가 될 수 있다는 데에 공감이 갔다. 또한 생선 조리할 때 냄새 등이 거실로 확산되는 것을 방지하기 위해서도 부엌과 거실은 분리하는 것이 좋다.

주방에는 설거지할 때에도 밖의 화단과 유실수가 있는 잔디동산을 바라볼 수 있도록 커다란 창을 내었다. 남향이기 때문에 여름철 햇빛 차단을 위해 지붕 처마길이를 법적 최대 허용한도인 900㎜로 하였다(외벽이 고벽돌인 경우 처마길이는 짧은 것이 아름답다 하여 다른 3면의 처마길이는 500㎜로 하였음). 식당에는 앞마당 쪽으로 돌출창(Bay Window)을 두어 내부 공간 활용을 극대화하였으며, 이 돌출창은 건물 앞면의 미적 요소도 고려되었다.

그리고 텃밭출입이 편리하도록 식당 남쪽에 출입문을 배치하였으며, 이 문은 비상문으로 사용하기도 한다. 단독주택 설계 시 고려할 사항 중 하나가 반드시 출입문은 현관문과 비상문, 이렇게 두 곳을 두라는 것이다.

- 화장실

우리 속담에 '처가와 화장실은 멀수록 좋다'고 하는데, 요즘은 '처가와 화장실은 가까울수록 좋다'가 대세이다. 모계중심사회로 변화하면서 육아 등의 문제도 처가에서 해결하려는 경향이 많고, 화장실도 수세식 화장실로 집안에 있기 마련이다. 하지만 기본적으로 화장실은 습식으로 물을 사용하고 오물이 처리되기 때문에 집 안에서는 중심부가 아닌 한 귀퉁이에 배치하는 것이 좋다.

필자는 북서쪽 코너에 샤워부스와 변기가 있는 욕실을 배치하였으며, 전원주택으로 손 씻을 일이 빈번하기 때문에 문을 열지 않고도 사용이 가능하도록 세면기는 욕실 밖 파우더룸에 배치하였다. 욕실 창문은 환기를 위해 큼지막하게 하였고, 욕실 내 샤워부스는 습식으로, 변기가 있는 곳은 건식으로 하여 건/습식 혼합방식을 채택했으며, 욕실 바닥에는 온수 파이프를 깔고 건식 욕실 바닥은 파우더룸 바닥과 같은 높이로 하였다(문턱을 없앰).

■ 2층

그림22와 같이 2층에는 침실2, 침실3 및 화장실로 구성되어 있으며, 침실2 위에는 다락방을 배치하였다. 장래 아들 부부들을 위해 침실2, 침실3으로 명명하였지만, 현재 침실2는 손님방으로, 침실3은 서재로 사용하고 있다.

침실2 천장은 박공구조로 하여 전원분위기를 살렸으며, 다락방 창문에서 내려다본 마을 전경이 압권이다. 침실2 남쪽 밖에는 테라스가 있으며, 커피를 마시거나 뒷산에서 내려오는 피톤치드 향기가 가득한 솔내음을 마실 수 있도록 가장자리에 의자로도 이용할 수 있는 데크를 깔았다.

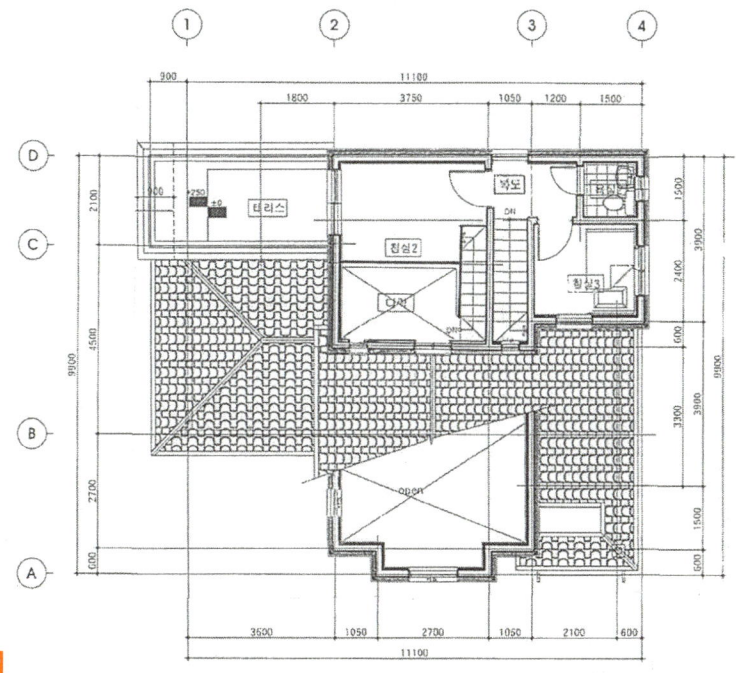

그림 22) 2층 평면도

■ 창호 평면도

'전원주택의 경우 창문은 작게 하라'는 말이 있다. 앞서도 설명하였지만, 도시에서처럼 거실 전면을 창으로 하여 전망을 좋게 하는 경우도 있지만, 냉·난방비를 고려하여 적당한 크기로 하는 것이 바람직하다고 본다. 왜냐하면 전원주택에서의 전망은 집 외부 현관에서, 베란다에서, 테라스에서, 데크 등에서 얼마든지 감상할 수 있기 때문이다.

그림23과 24에 각각 1층과 2층의 창호 평면도를 나타내었다. 창호 대부분은 로이(Low E) 3중 유리로 된 시스템 창호를 적용하였다. 그림23에서 볼 수 있듯이, 거실의 경우 미닫이 창문은 작지도 크지도 않은 적당한 크기로 앞쪽(동향)에 배치하였고, 남향에서도 햇빛을 받아들이기 위해 기다란 창문을 배치하였다. 두 창문 모두 직사각형 창문 위에 아치형 복층유리 고정창을 넣었다. 안방에는 복층유리 이중창으로 안쪽은 반투명하게, 바깥쪽은 옛날 한지창문을 연상케 하도록 격자창으로 하였다. 그림24의 침실2 남쪽에는 테라스 출입문으로 미닫이 복층유리 이중창을 적용하였다.

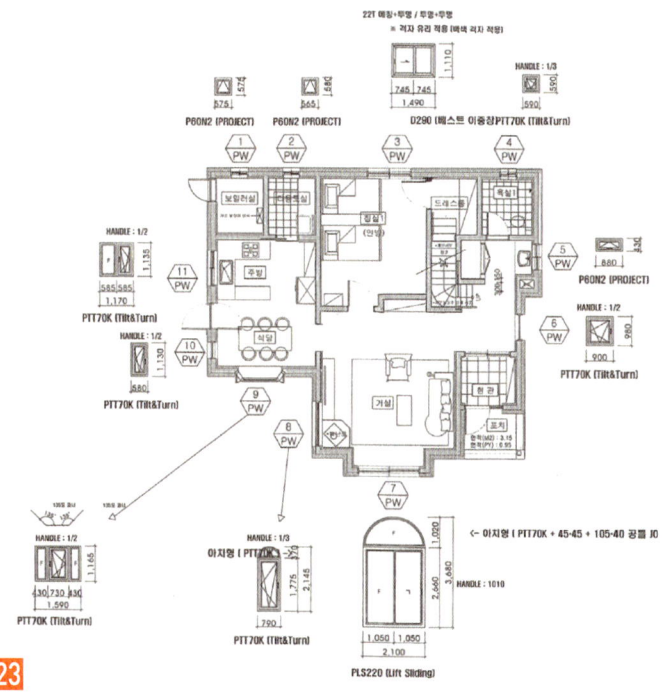

그림 23) 1층 창호 평면도

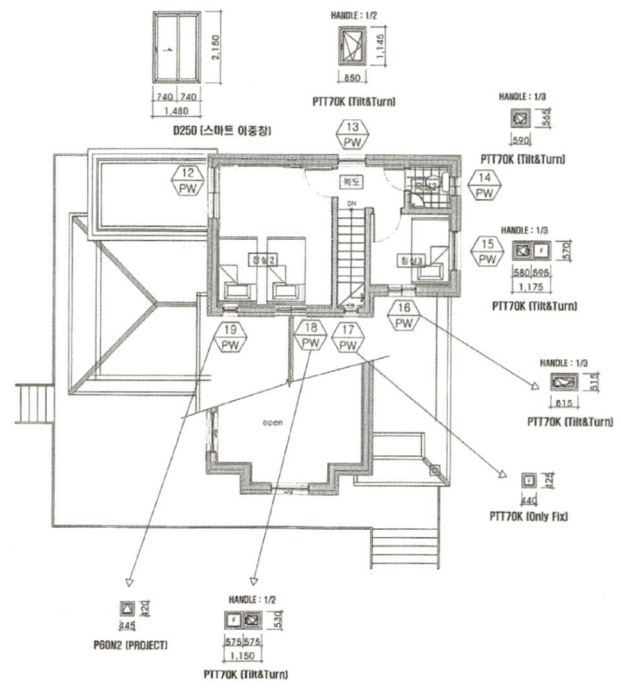

그림 24) 2층 창호 평면도

③ 입면도

건물 외관을 동서남북의 각 면에서 본 도면이다. 그림25에 정면도, 좌측면도, 배면도, 우측면도를 나타내었다.

외벽은 고벽돌(일명 파벽돌이라고도 함)에 회색 줄눈을, 창호는 시스템 창호를, 그리고 지붕은 암회색 이중그림자 아스팔트 싱글로 하였다. 이때 창호 프레임은 내부는 원목과 비슷한 오크색(oak)으로 하고 외부는 고벽돌과 튀지 않고 어울리며 무게감이 있는 암회색(dark gray)으로 하였다.

지붕 경사도는 여러 각도를 시뮬레이션하여 주변 경관과 가장 잘 어울리는 각도인 31°(건축업계에서는 10:6으로 통용)로 하였다. 31°는 태양광 집열판 설치에 적당한 각도이기도 하여, 추후 태양광 시스템을 설치하게 될 경우 남향 지붕 위에 얹어 놓기만 하면 돼, 미관을 해치지 않도록 고려하였다. 집의 모양은 지붕 경사도가 30° 전후일 때 가장 아름답게 보인다고 한다.

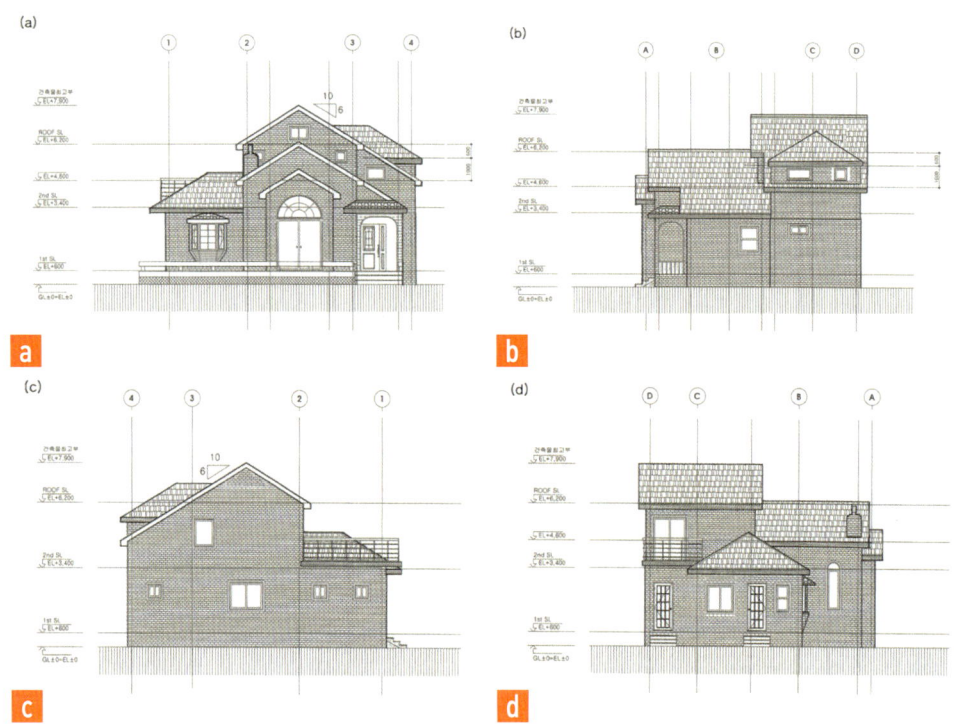

그림 25) 입면도: (a) 정면도 (b) 좌측면도 (c) 배면도 (d) 우측면도

④ 단면도

건물을 수직으로 절단하여 수평방향에서 본 도면이다. 그림26과 27에 각각 횡단면도와 종단면도를 나타냈다.

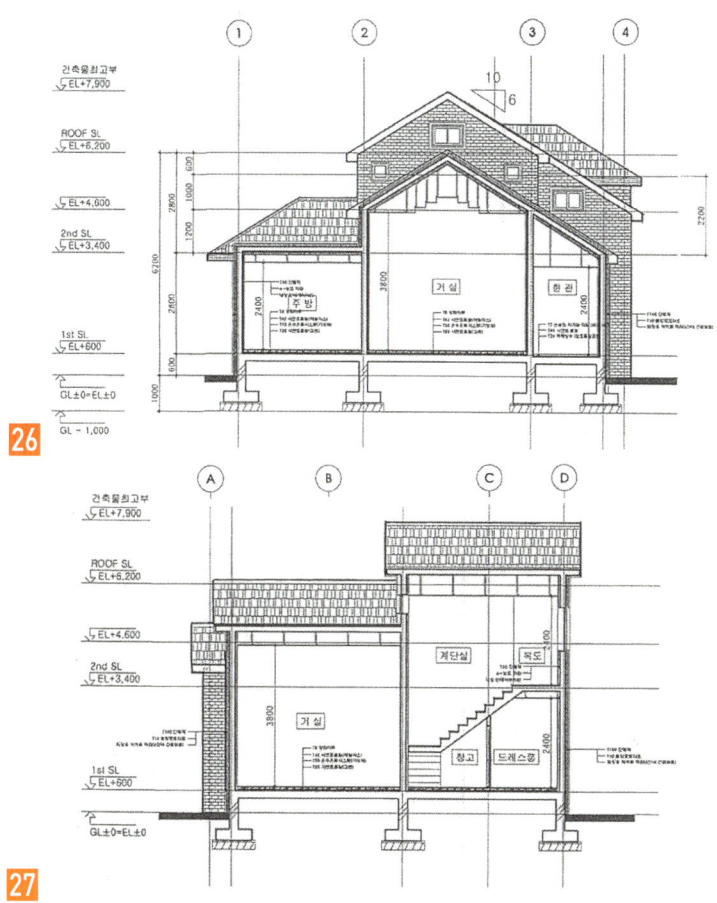

그림 26) 횡단면도
그림 27) 종단면도

모든 벽은 당초 150㎜ 두께의 철근콘크리트 벽체로 설계되었으나 실제 시공할 때에는 200㎜ 두께로 하였으며, 외단열과 내단열, 즉 양단열 시스템을 적용하여 패시브하우스를 추구하였다. 또한 기초는 동결심도 이상으로 처리하였으며, 시골 산 밑이라 여름철 습한 기후를 고려하여 지면에서 600㎜를 띄웠다.

앞서 평면도(거실)에서 언급하였듯이 그림26의 횡단면도를 통해 거실 천장의 높이와 모양을 확인할 수 있으며, 그림27의 종단면도로부터는 2층으로 올라가는 계단의 구조와 2층 침실의 높이를 알 수 있다.

⑤ 기타

그밖에 상세설계로 바닥구조 평면도, 전기 및 통신 설비 평면도, 난방 및 위생 배관 평면도, 투시도 등 총 52쪽으로 이루어진 설계도를 완성하게 되었다. 특히, 그림 28의 1층 바닥구조 평면도에서 볼 수 있듯이, 도면에는 철근과 콘크리트의 강도, 설계 지내력 등의 조건이 포함되어 있으며, 본 설계는 철근콘크리트 벽체구조이기 때문에 추후 필요 시 확장이 용이하도록 A 부분에서 창문 아래 벽면은 조적쌓기로 처리하였다(그림29의 A입면 상세도 참조).

'주택의 외관을 결정짓는 외장을 어떻게 할 것인가?'에 대하여 많은 고민을 하고, 몇 가지의 3D 투시도를 시뮬레이션하여 본 다음 그림30과 같이 1층 외벽은 붉은 색의 고벽돌, 2층 외벽은 흰색의 스타코플러스, 지붕은 암회색의 이중그림자 아스팔트 슁글로 최종 결정하였다.

지금 회상해보니, 6개월여에 걸쳐 수정에 수정을 거듭하며 최종설계도를 완성하는 동안 아내와 더 많은 대화를 나누게 되었고, 집을 지을 때보다는 꿈꿔왔던 미래의 집을 상상하며 설계작업을 하고 있었을 때가 더 즐거웠던 것 같다.

조그만 집 한 채 설계임에도 불구하고 건축사무소에서도 건축주의 의견을 반영하고자 노력하였고, 끝까지 세심하게 배려해주어 100% 만족스럽게 설계를 마칠 수 있었다고 감히 얘기할 수 있다.

내가 꿈꾸는 나만의 전원주택 짓기
건축설계에 대하여

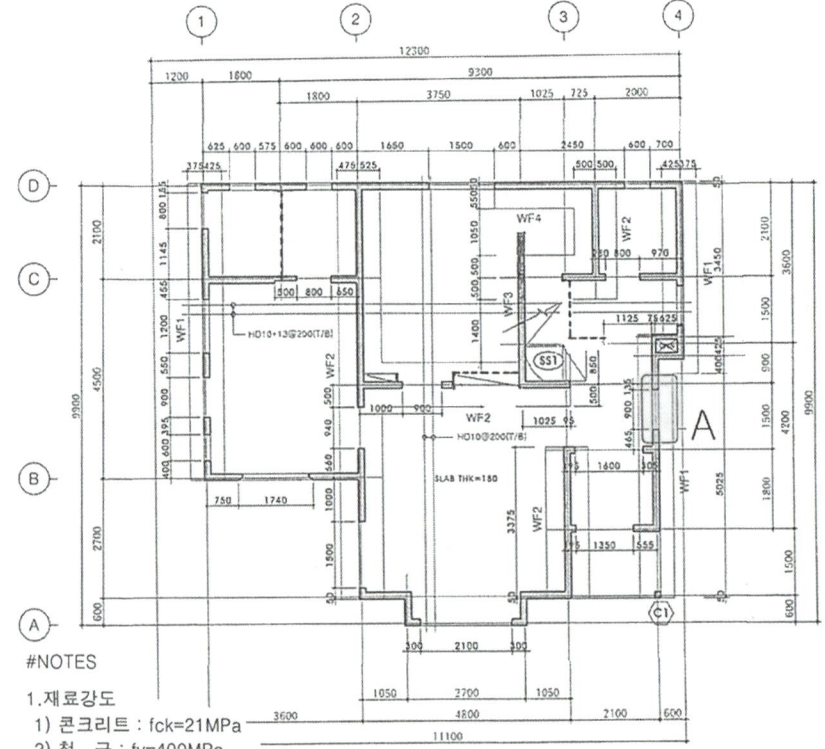

#NOTES

1. 재료강도
    1) 콘크리트 : fck=21MPa
    2) 철 근 : fy=400MPa

2. 설계 지내력 : fe=100kN/m²

3. ――― : 상부근
   ――― : 하부근

4. 미표기 WALL : W1

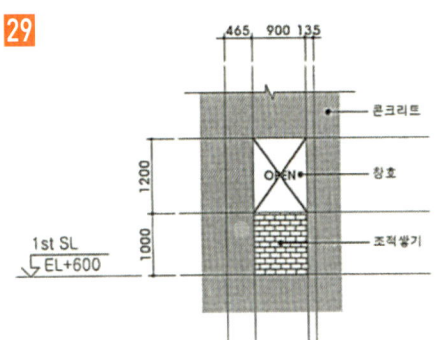

그림 28) 1층 바닥구조 평면도
그림 29) 그림28에서 A 부분의 입면 상세도

그림 30) 3D 투시도

PART
04

집짓기

O 집짓기 전 숙고사항(熟考事項)　**P** 집 지을 때 유의사항　**Q** 직영 또는 도급 공사 결정　**R** 기초 및 지반지정공사　**S** 골조공사　**T** 단열공사　**U** 외장마감공사　**V** 창호 및 유리공사　**W** 설비·전기·통신공사　**X** 내장마감공사　**Y** 마무리 공사 및 준공　**Z** 조경공사 및 유지관리

나만의 집을 가지게 되다

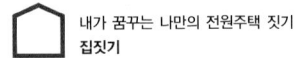

0. 집짓기 전 숙고사항(熟考事項)

전원주택에는 적지 않은 준비와 관리가 필요함을 깨닫게 된다. 도시와는 달리 시골에선 폭설이나 강풍에 전기가 끊기거나 겨울철 동파사고 등에 취약하다. 또한 단독주택은 아파트와 달리 크고 작은 하자가 발생하기 마련이다. 애초 시공이 잘못된 경우라면 시공업체에 하자보수를 신청해야겠지만, 작은 하자 보수 정도는 집주인이 손수 할 줄 알아야 한다. 그리고 공사 목적물에 대한 사용절차인 공정 시운전계획에 따라 준공 전에 상세히 성능시험을 해야 한다.

일반적으로, 인터넷 검색자료가 글쓴이의 주관적인 내용이 많아서 서적보다는 객관성 면에서 조금 떨어지는 경향이 있는데, '전원생활에 내 집 지을 때 꼭 생각해야 할 것'이란 공감이 가는 좋은 글이 있어 이 단원에서 요약하여 소개하고자 한다.

우리나라 사람들의 특성 가운데에 '빨리빨리 문화'라는 것이 있다.

자장면이 맛없는 것은 용서해도 늦게 나오는 것은 참지 못한다. 자동차 운전도, 업무 보기도, 현장 일도…… 하여간 우리나라 사람들의 조급증은 남다른 데가 있다. 또한 대충대충, 얼렁뚱땅, 어영부영 등도 우리 사회를 멍들게 하는 요인들이다. 물론 일을 빨리빨리 해치운다고 해서 꼭 나쁜 것만은 아니다. 요즘처럼 속도를 중시하는 정보사회에서 일을 빨리 해치우는 능력은 경쟁력이 되기도 한다. 이러한 특성이 IT 강국을 만들게 했고, 세계 반도체 시장을 장악하게 했을 정도니까. 하여튼 빠름이 느림과 나태함보다는 역동적이고 생산적이어서 좋기는 하다.

하지만, 건축은 '빨리빨리'하면 안 된다. 지나치게 빨리 하다 보면 많은 문제를 일으키게 된다.

1. 내 집만은 빨리빨리 짓지 말자.

건축은 일정한 공기(工期)가 필요하다. 공기란 건물을 완성하는 데에 걸리는 시간이나, 각 공정별 최소로 걸리는 공사기간을 말한다. 잘 알려진 바와 같이 콘크리트는 일정한 양생기간이 필요하고, 벽돌도 하루에 일정량 이상 쌓으면 무너지고 만다. 이처럼 건축은 일정한 공사 기간을 필요로 하기 마련이다. 이를 무시한 채 공기를 앞당기려고 무리한 공사를 하다 보면 문제가 발생한다. 사고 발생은 물

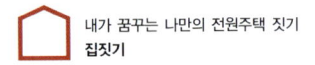

론 각종 하자의 원인이 되기도 한다. 모든 일은 정상적이고, 정해진 법칙에 따를 때라야 품질이 높아지고 문제도 발생하지 않는다.

영국의 시인 로이드는 '천천히 꾸준히 가는 자가 승리하리라(Slow and steady wins the race)'라고 했는데, 바로 건축에서 필요한 말이다. 물론 공기를 앞당기면 여러모로 좋기는 하다. 건물을 빨리 사용할 수 있고, 간접비도 절약할 수는 있다. 그러나 전체를 생각한다면 무리한 공기 단축은 반드시 탈이 나기 마련이다. 최초에는 공사비를 절약한 것처럼 보이지만, 결국에는 더 많은 비용이 들어가고 만다.

2. 내 집은 너무 값싸게 짓지 말자.

정부 공사 발주 방식에 '최저가 낙찰제'라는 것이 있다. 심지어 대규모 공사를 어느 업체가 단돈 1원에 낙찰을 받았다는 기사도 본 적이 있다. 이 정도는 아니더라도 정상보다 낮게 책정한 공사비로 한 건축을 두고 결코 예산을 줄였다고 할 수는 없다. 건물이란 수십 년을 사용한다. 그런데 그 건물의 전체 비용(최초건설비+유지관리비)을 생각할 때, 사실 최초건설비는 건물의 생애주기 전체기간 동안 들어가는 것에 비하면 일부분에 지나지 않는다.

따라서 공사비를 줄였다고 해서 전체 비용을 줄였다고 단정할 수는 없다. 같은 개념으로 건물에는 L.C.C., 즉 비용분석인 라이프 사이클 코스트(Life Cycle Cost, 생애주기비용)라는 게 있다. 그 건물이 존재하는 생애 동안 들어가는 총비용을 말하는 것으로, 최초건설비와 유지관리비 등을 포함한 모든 비용을 말한다. 유지관리비에는 각종 하자보수비, 수리비, 개조비 등과 냉·난방비, 광열비 등을 포함시킨다. 살기 좋은 집은 외관이나 마감재보다는 숨어 있는 구조재가 중요하다. 왜냐하면 마감재는 살면서 얼마든지 바꿀 수 있지만, 구조재는 재건축을 하지 않는 한 교체가 불가능하기 때문이다. 그런데 최초에 잘못 지은 건물은 사용하는 동안 관리하고 유지하는 데에 더 많은 비용을 요구한다. 심지어 수리하고 개조하는 비용이 다시 짓는 것보다 훨씬 많은 비용과 시간을 소요하는 경우도 흔하다. 처음에 비싸게 산 옷을 더 오래 입는 것과 같은 이치이다. 그런데도 건물을 사용하면서 들어가는 유지관리비에 대해서는 가볍게 생각하고, 건축할 당시만 생각하는 경향이 있다.

3. 내 집은 대충대충 짓지 말자.

주택은 다른 건물보다 규모가 작지만 그 기능은 아주 복잡하다. 사무실이나 학교 건물 등은 기능이 단순하다. 그러나 주택은 가장 소중한 가족이 생활하고, 공부하고, 잠자고, 먹고, 휴식을 취하는 기능뿐만 아니라, 취미생활과 문화생활에 이르기까지 온갖 기능을 다하는 공간이다. 그러므로 작은 공간을 보다 효과적으로, 보다 편리하게 사용하려면 생각할 것이 많다.

사소한 예로 전기 콘센트도 적당한 위치에 있지 않으면 대단히 불편하다. 예전에 만난 한 외국인 건축주 생각이 난다. 외국인은 설계를 의뢰하면서 많은 요구를 했는데, 특히 전기 콘센트의 위치와 높이까지도 세심하게 챙겼다. 이처럼 사소한 것까지 꼼꼼히 생각해야 하니 주택에서 얼마나 챙길 것이 많은가? 이 하나하나가 바로 그 건물을 사용하는 동안 생활에 영향을 주는 것이므로 대충대충 생각해서는 안 된다.

설계나 공사는 전문가들이 한다. 그러나 아무리 건축 전문가라도 건축주의 조건을 자세히 알 수는 없다. 그러므로 자신이 구상하고 요구하는 바를 상세하게 알려주어야 한다. 생각을 많이 하고 이야기를 자세히 해 주었을 때 그만큼 좋은 집을 지을 수 있다. 그런데 건축주 대부분은 처음 설계 당시에는 대충대충 생각한다. 자신은 건축에 대해 알지 못하니까, 전문가가 모든 것을 알아서 해 달라고 말한다. 물론 일반인들이 건축 전문가는 아니다. 또한 일반 사항은 전문가들이 알아서 처리하기도 한다. 그러나 내가 건축주이고 사용자이므로 세심하게 챙길수록 후회 없는 집을 지을 수 있다.

4. 내 집은 생각을 많이 하고 짓자.

모든 일이 그렇지만 특히 건축은 생각을 많이 할수록 시행착오를 줄일 수 있다. 흔히 건축에는 정답이 없다고 한다. 공사비도 정해진 답이 없기 때문에 싸게 지으려면 얼마든지 싸게 지을 수 있고, 비용을 들여 지으려면 한도 끝도 없다. 또한 디자인도 사람마다 생각이 다르므로 어떤 외관이 좋다고 단정 지어 답할 수 없고, 집의 구조나 인테리어 등도 모든 면에서 그렇다. 물론 아무리 주관적이라고는 하지만, 모든 사람이 수긍할 수 있는 객관성이 필요하다.

이처럼 변수가 많은 것이 건축이므로 많은 생각과 여유가 필요하다. 특히 일반인들은 평생에 한두 번 지을까 말까 하는 내 집을 연습하듯이 지을 수는 없으므로 신중한 생각과 판단이 필요하다. 설계나 공사를 하는 전문가들에게도 여유를 주어야 한다. 공사야 설계도면대로 하면 되니까 그렇다 쳐도, 설계만큼은 시간을 충분히 줄수록 좋은 집이 나온다. 디자인이란 아이디어를 창출해내는 작업이다. 그 아이디어는 어느 한 순간에 갑자기 튀어나오지 않는다.

P. 집 지을 때 유의사항

건축과 교수에게 집지을 때 가장 중요한 것이 무엇이냐고 물어보았더니, 첫마디가 '비가 새지 말아야 할 것'이라고 하였다. 그렇다. 집에 비가 새거나 결로현상이 발생하면 주택으로서의 기능을 다할 수 없기 때문에, 지붕이나 벽체의 균열을 방지해야 하고, 단열처리를 잘 해야 한다. 한 전원주택 설계 및 시공 전문업체에서 제시한 시공 시 유의사항을 정리하면 다음과 같다.

균열방지

벽체의 균열은 구조상 결함뿐만 아니라 마감재까지 영향을 끼쳐 사후 하자가 발생할 때에는 비용증대는 물론 완전한 보수가 어려워 사전예방에 철저한 품질관리가 이루어져야 한다.

누수방지

 방수공법의 채택, 점검미비로 하자가 발생하면 보수를 하기 전에 여러 면으로 심적·물적 피해가 발생하게 된다. 따라서 설계할 때 적절한 방수공법 선정과 집지을 때 철저한 품질관리가 무엇보다 중요하며, 특히 작업자의 정성에 의한 정밀한 시공이 필요하다.

단열처리

 단열은 난방 및 냉방 부하를 감소시켜 에너지 절약을 꾀하고, 결로를 방지하며 실내의 쾌적한 환경조성을 목적으로 한다. 정품 단열재 사용과 단열재 연결 부위의 밀봉 및 열손실의 43%를 차지하는 창호의 단열성 확보에 주의를 기울여야 한다.

 특히 결로현상은 건축물의 실내와 실외의 온도차에 의해 표면의 수증기가 응결되는 현상으로서, 실내 오염, 박리, 곰팡이, 부식, 결빙, 신축, 휨 등의 피해를 가져온다.

차음기능

 최근 생활수준이 향상됨에 따라 주거환경과 생활환경도 점점 쾌적한 실내공간을 요구하게 되었으며, 개인의 프라이버시 또한 중요시되므로 소음 문제를 해결하기 위해서는 보다 좋은 양질의 건축물을 설계, 시공해야 할 것이다.

　소음을 일으키는 원인으로는 개구부 틈 사이의 기밀성 부족, 급·배수 배관의 소음, 전기배선용 파이프에 의한 차음결손 등을 들 수 있으며, 이를 방지하기 위해서는 기밀성 재료 사용, 조인트부의 밀봉 시공, 배관 소음 발생부의 방음커버 시공 등으로 해결할 수 있다.

　아무리 좋은 고가의 창호를 설치한다 하더라도 창문틀과 골조 사이의 틈새는 시멘트 모르타르로 빈틈없이 사충하여야 누수, 단열 및 차음에도 효과를 볼 수 있다.

기타

　집 주변의 위생 및 급·배수, 냉·난방, 정화조 등의 설비공사와 전기·통신선의 지중화 공사, 그리고 조경 수종 선택 및 배치, 석축, 데크, 대문, 담장 등의 제반 조경 공사에도 세심한 주의가 요구된다.

　또한, 허가서와 허가사항에 대한 정확한 숙지가 공사분류에 큰 도움이 되며, 모든 공정과 진도, 진척 공정마다 공정사진을 꼼꼼하게 촬영해 놓는 것이 좋다. 공사 진행사항을 나름대로 분석하는 것이 공사관리인 것이다. 공사 진행사항은 공사비 지불과 직접적인 관련이 있으므로 자금관리에도 신경을 써야 한다.

Q. 직영 또는 도급 공사 결정

 일반적으로 전원주택의 시공방법은 크게 건축주가 일꾼을 직접 섭외하고 자재를 직접 구입해 짓는 '직영공사'와 외부에 맡겨 짓는 '도급계약방식'로 대별할 수 있다. 건축업체에 맡겨서 짓는다 할지라도 그 주체는 바로 '나'라는 사실을 잊어서는 안 된다. 따라서 건축주는 끊임없이 건축에 대한 지식을 축적해야 한다.

1. 직영공사의 장·단점

 직영공사란 자신이 모든 공정을 직접 시공하여 집을 짓는다는 의미라기보다 공정별 자재를 건축주가 선택하여 시공 전문가에게 공사토록 하는 총괄 관리자 역할을 하는 것이다.

 직영공사의 장점으로는 건축비의 절감을 꾀할 수 있을 뿐만 아니라 자재 결정에 있어 선택의 폭을 넓힐 수 있다. 또한 공사 과정 중이라도 건축주의 의도와 취향에 따라 설계변경이 용이하다. 시공 중에 건축주 본인이 직접 울타리나 건물 외부 정리 작업, 원두막이나 장독대, 소각장과 같은 생활 아이템 등을 만들 수 있다. 특히 유실수 식재나 조경을 병행할 수 있고, 공터에 미리 텃밭을 조성할 수도 있어 직영공사의 재미를 느낄 수 있다.

건축 노하우 ⑦
"직영공사, 전문가가 아니라면 신중해야 한다"

그러나 이러한 직영공사의 장점이 집 전체의 조화와 통일성을 떨어뜨리고 시공기간이 길어지는 등의 여러 가지 변수로 작용할 수도 있다. 구조와 지붕, 벽체와 외부마감, 창호 등이 따로 놀아 개별적으로 보면 좋은 제품이고 잘된 시공이지만 전체적으로는 어색한 집이 될 수도 있다. 집 전체의 느낌을 살리고 실용성을 높일 수 있는 자재 선택 안목이 있어야 하는데 처음 집을 짓는 사람들은 보통 챙기기 힘든 것이 현실이다.

마감을 하려고 보면 다 뜯어내고 다시 시공해야 하는 경우도 발생해 오히려 예상한 건축비보다 비용이 훨씬 많이 들어갈 수도 있으며, 하자 보수에 대한 책임도 모두 건축주 본인이 져야 한다. 따라서 다음 공정을 고려한 시공, 예견되는 하자에 대한 보완 등 공정관리에 철저를 기해야 한다.

2. 도급공사의 장·단점

시공업체를 선정할 때는 그 업체가 지은 집을 방문해 집주인의 평판을 귀담아 듣고 이를 선정기준으로 삼는 것이 바람직하다. 방문 시 집만 구경할 것이 아니라 시공과정에서 업체와 마찰은 없었는지, 있었다면 보수는 제대로 이뤄졌는지에 대해 자세하게 물어본다. 시공업체는 어느 정도 규모를 갖추고 있고, 공사실적과 실력을 겸비한 업체라야 한다. 지나치게 저렴한 공사비를 제시한다면, 부실시공하거나 공사 중 시공비를 추가로 요구할 수도 있으므로 적정가격을 제시한 업체라야 한다. 설계도를 바탕으로 한 견적명세서를 보면 업체의 실력과 신뢰도를 가늠할 수 있다.

아래에 견적서 주요 체크사항과 필자의 업체 선정 사례를 소개하였다.

견적서 체크사항

- 설계도(실시설계도면)와 견적명세서 비교 검토
- 본 공사(주택건축) 이외에 계약 외 공사(가구류, 전기·통신선 및 수도관 인입공사, 마당, 대문, 담장 등) 포함 여부

- 산재보험 가입증명서 제출에 대한 조항 기재 요구
- 소요 자재의 수량과 단가의 적정성
- 벽체 및 지붕 골조의 품질 문제
- 바닥, 내·외벽, 지붕 및 천장의 단열 및 단열재 선정 문제
- 천장과 내·외부 벽체의 방음처리 문제
- 정화조 설치, 오·우수 배관 및 맨홀 설치 및 위치 선정 문제
- 상수도 배관재 선정 문제
- 난방종류 선택 및 기기 선정 문제
- 작업 범위
- 기타 전기, 전화, 인터넷, TV, 각종 가구 설치사항

건축 노하우 ⑧
"건축비 지불은 계약하기 나름"

시공업체를 결정하면 계약을 하게 되는데, 건축계약서에는 건축비 지불에 관한 사항과 특약사항 등을 포함한다. 특약사항에 주방과 조명은 사용자재의 종류에 따라 금액차이가 많이 나기 때문에 상한선을 정해 놓고 추가비용 발생 시 건축주가 부담하도록 명기하는 것이 좋다.

건축비 지불은 계약하기 나름인데, 다음에 일반적인 공정별 지불

분율을 소개한다.

- 계약금(계약과 동시): 총 공사비의 10%
- 착공 후(토목공사, 기초공사): 총 공사비의 30%
- 골조공사, 창호공사 완료 후: 총 공사비의 20%
- 내/외장마감공사 완료 후: 총 공사비의 30%
- 준공 후(기타 마감공사, 현장정리): 총 공사비의 7%
- 준공 1년 후(하자보수보증금): 총 공사비의 3%

3. 필자의 업체 선정 사례

필자의 경우, 전원주택 전문업체로 확인한 서울 강남 소재 2곳, 수도권 이천과 양평, 모두 4개 업체에 설계도면을 보내주며 건축견적서를 부탁하였다. 그 결과 공사비는 서울 소재 N회사가 가장 높았고, 다음으로 서울 소재 D회사와 이천 소재 업체 순이었으며, 양평 소재 업체로부터는 견적서를 받지 못했다. 앞서도 설명했지만 견적서만 받아 보아도 시공업체의 능력을 어느 정도 파악할 수 있다고 생각되는 것이, 2~3장의 평면도를 바탕으로 소규모 전원주택을 지어온 시공업체는 52장으로 구성된 설계도면에 대한 견적서 작성에 부담이 컸을 것으로 생각된다. 상세한 실시설계도면 없이 완벽한 정밀시공은 불가능하기 때문에, 아무리 작은 전원주택이라도 2~3장의 설계도로 집을 짓게 되면 준공 후 하자 발생 확률이 높아지며 시공사의 부실시공 입증도 쉽지 않다는 점을 명심해야 한다.

  견적서를 제출한 3개 업체와 대면 상담을 한 다음, 당시 필자의 설계도면과 비슷한 구조와 공법으로 선배 교수님의 전원주택을 짓고 있었으며, 시공업체 사장이 건축공학과를 졸업하고 대기업에서의 아파트 건설 실무경험과 기술사 자격증 소지자로 이론과 실무를 겸비한 것으로 판단되는, 중간 가격의 견적을 낸 서울 소재 D회사와 계약을 체결하였다.

  집짓기는 철근콘크리트 벽체구조와 철근콘크리트 지붕으로 된 필자의 전원주택 시공사례를 기준으로 공정별로 설명하고자 한다.

R. 기초 및 지반지정공사

　기초공사는 기둥 혹은 내력벽 등에서 오는 고정하중, 적재하중, 풍하중, 적설하중 및 지진력 등 건물에 작용하는 외력을 받아 이를 안전하게 지반에 전달하기 위해 만든 건축물 가장 아래 구조부를 형성하는 공사이다.

　'사상누각'이란 말이 있듯이, 기초가 튼튼해야 건물의 수명이 길다. 특히 겨울철 추운 지역의 경우엔 기초공사가 매우 중요하다. 기초의 깊이는 지내력과 동결심도에 의하여 결정되는데, 일반적으로 지하층이 없는 경우 지표면으로부터 약 90㎝ 정도에 위치한다.

　필자의 경우 터파기 공사는 동절기 추운 지역인 환경요인과 하중이 큰 철근콘크리트 2층 주택이란 점을 고려하여 1m 깊이로 하였다. 또한 산자락에 위치하여 하절기 고온다습한 점을 고려해 지상 60㎝에 1층 바닥이 위치하도록 띄웠다. 따라서 기초의 두께(높이)

를 일반적인 전원주택보다 두꺼운 1.6m로 하였다.

그림31과 같이 기초공사는 설계도면대로(그림26. 횡단면도 참조) 터파기한 기저부에 버림콘크리트 타설(1차 레미콘 타설, 높이 100㎜) 후 줄기초(2차 레미콘 타설, 높이 500㎜), 줄기초 위에 주각부 옹벽(3차 레미콘 타설, 폭 200㎜, 높이 500㎜), 되메우기(흙채움 복토), 배관공사, 매트기초(4차 레미콘 타설, 두께(높이) 300㎜) 순으로 진행하였다. 줄기초, 주각부 옹벽 및 매트기초는 각각 거푸집 설치(형틀제작), 철근 배근, 콘크리트 타설 및 거푸집 해체 순서로 이루어졌으며, 이때 주의할 점은 공정별 콘크리트 타설 후 충분한 양생기간을 두어야 한다는 점이다. 또한 바닥기초, 즉 매트기초 작업 시에는 철근 배근 전 습기가 올라오는 것을 방지하기 위해 비닐지를 깔고, 철근 배근은 상/하 복근으로 조립해야 한다. 배관공사로서 오·폐수 PVC 배관 설치는 되메우기 공사 후에, 전기·통신 인입 배관 설치는 매트기초 작업 중에 이루어졌으며, 오·폐수관은 집밖으로 경사도를 유지하며 매설하였다.

(a) 버림콘크리트 타설   (b) 방석기초
(c) 줄기초 옹벽   (d) 되메우기
(e) 매트기초   (f) 기초공사 완료
그림 31) 기초공사

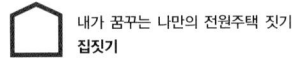

S. 골조공사

앞서 소재에 따라 분류한 주택(G. 전원주택의 종류Ⅲ 참조)의 기준이 바로 주택의 뼈대를 형성하는 구조체가 무엇이냐에 따른 것인데, 필자는 철근콘크리트로 벽체골조와 지붕골조를 일체화한 구조를 선택하였다.

철근콘크리트 골조는 철근의 인장력과 콘크리트의 압축력을 이용한 것으로 규정에 따른 철근의 규격과 배근, 정밀한 거푸집 설치 등이 중요하다. 필자의 경우, 설계도면에는 벽체(옹벽)의 두께가 150㎜로 되어 있었으나, 튼튼한 구조와 균일한 콘크리트 타설을 위해 200㎜로 변경하였다. 2층 벽체 레미콘 타설 시에는 누수를 방지하기 위해 지붕골조와 동시에 진행하였으며, 지붕은 거푸집 위에 150㎜ 두께의 스티로폼을 부착한 다음 철근 배근을 하였다. 스티로폼은 밀도 30kg/㎥의 KS 제품을 사용하였다.

충분한 양생기간을 거친 후, 거푸집을 해체한 다음, 벽체에 콘크리트 타설 시 완벽하게 이루어지지 않고 빈틈이 생기는 경우 보수해야 한다. 특히, 창문 밑 부분에 콘크리트가 잘 채워지지 않는 경우가 종종 발생한다.

이때 철근콘크리트 주택의 경우 주의할 점은 콘크리트 타설 후 양생기간을 규정대로 지켜야 하며, 건조 중 균열발생을 방지하기 위해 물을 자주 뿌려 주어야 한다. 공사기간을 단축하기 위해 충분한 양생기간을 지키지 않고 일찍 거푸집을 해체하거나 다음 공정을 진행하게 되면 외부 충격으로 인해 눈으로 보이지는 않지만 내부에 미세한 균열이 발생하기 쉽다.

그림32에 골조공사 전 과정을 나타내었으며, 'O. 집짓기 전 숙고사항'에서 언급했듯이, 내 집은 시간을 갖고 천천히 지어야 한다는 점을 명심해야 한다.

내가 꿈꾸는 나만의 전원주택 짓기
집짓기

(a) 철근 배근 및 거푸집 설치
(b) 1층 콘크리트 타설
(c) 2층 콘크리트 타설
(d) 콘크리트 타설 후 물주기
(e) 거푸집 해체(우측면)
(f) 거푸집 해체(정면)

그림 32) 골조공사

T. 단열공사

　단열공사란 외부의 온도에 대하여 실내의 온도를 일정하게 유지하기 위한 공사를 말한다. 다시 말해 여름철 외부의 온도가 실내로 전달되는 것을 방지하거나, 겨울철 실내의 온도가 외부로 손실되지 않도록 하는 공사이다. 특히, 우리나라와 같이 낮과 밤의 일교차가 심하고 여름과 겨울의 연교차가 큰 경우 세밀하게 작업해야 할 공정이다.

　단열기술도 수십 가지이며 단열재의 종류도 다양한데, 대표적인 단열재로는 국내 단열재 시장의 40% 이상을 차지하고 있으며 우리들에게 널리 알려진 단열재인 흰색의 스티로폼(발포폴리스티렌, Expanded Polystylene Foam), 기존 스티로폼 대비 단열성능을 10~20% 향상시킨 네오폴(Neopor), 단열재 중 가장 낮은 열전도율을 지닌 아이소핑크(압출폴리스티렌, Extruded Polystylene Foam), 유리면으로 불리는 글래스울(Glass Wool), 암면으로 불리는 락울(Rock Wool) 등이 있는데, 일반주택에서는 주로 스티로폼이 많이 사용되고 있다. 스티로폼을 사용할 때에는 두께보다 밀도가 중요한데, 밀도는 30kg/m³ 이상이 적당하고, 두께는 일반적으로 벽체의 경우 70㎜ 이상, 천장의 경우 100㎜ 이상을 사용하는 것이 좋다.

아이소핑크는 정확히 말해 '진공-압출-발포 폴리스티렌' 단열재로서, 독립기포구조를 형성하므로 단열성이 매우 뛰어나고 내식/내습/내수성과 압축강도가 좋은 '자기 소화성(불이 붙어도 스스로 꺼짐)' 방수 단열재이다. 그림33에 대부분의 전원주택에서 사용하는 스티로폼과 내부 단열재로 탁월한 성능을 갖는 아이소핑크의 단열성능(밀도 대비 열전도율)을 나타내었다.

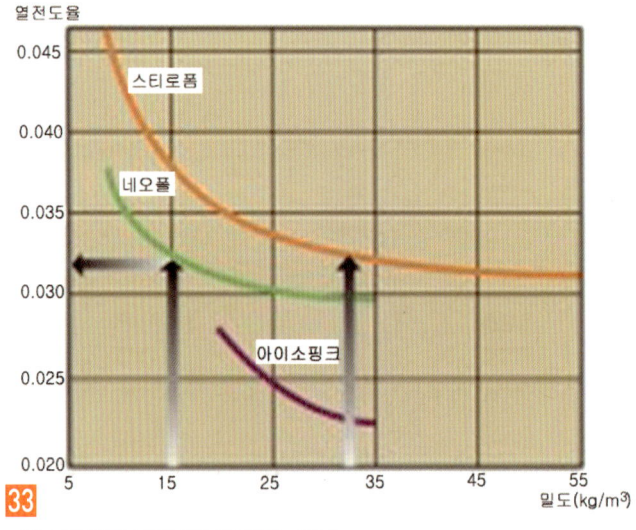

그림 33) 각종 단열재의 단열성능 비교

철근콘크리트 주택의 단열 공법은 그림34와 같이 크게 세 가지로 분류할 수 있다. 첫째, 내단열 공법으로 벽체 안쪽에 단열재가 있는 것을 말한다. 예전방식의 단열 공법으로 시공이 용이하며 비용이 저렴하다. 다만, 벽체로부터의 복사열의 영향이 있어 몸체 보호나 에너지 절약에 약점이 있으며, 벽체 내에 결로가 발생하기 쉽다. 둘째, 외단열 공법으로 벽체 외부에 단열재가 있는 것을 말한다. 현재 일반적으로 많이 보급되고 있는 공법으로 내단열보다 시공비용이 높다. 외단열은 난방 시 몸체까지 따뜻하게 해야 하는 부분이 있어 난방비가 많이 든다. 셋째, 양단열 공법으로 벽체 양쪽에 단열재가 있는 것을 말한다. 패시브하우스를 지향하는 정부의 주택정책에 비추어 볼 때 앞으로는 에너지 절약을 위해 반드시 양단열 공법으로 시공해야 할 것으로 생각한다. 벽체 양쪽으로 단열 시공하므로 시공비용이 높지만, 단열성이 높기 때문에 에너지 절약효과가 있고, 높은 내구성으로 건물의 수명이 길어지며, L.C.C.(Life Cycle Cost, 생애주기비용)가 싸고 경제적인 장점이 있다. 또한 결로에 의한 곰팡이, 진드기의 발생을 억제할 수 있다. 이미 북미에서는 양단열 주택이 당연한 것으로 간주되고 있으며, 2005년 미국 전체 주택 착공 호수의 6%가 양단열 철근콘크리트 주택으로 보고된 바 있다. 철근콘크리트 주택의 시장점유율이 25% 정도이므로, 철근콘크리트 주택 네 채 중에 한 채는 양단열 공법으로 시공되고 있다고 볼 수 있다.

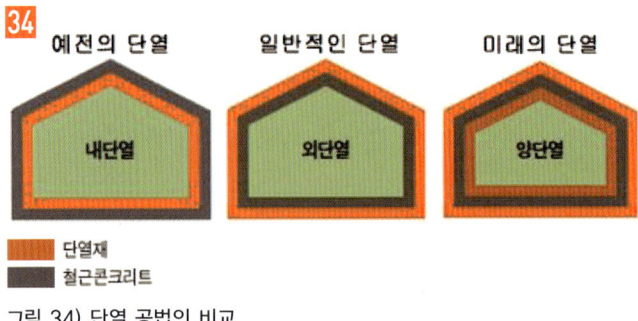

그림 34) 단열 공법의 비교

■ 필자의 사례를 중심으로

앞으로는 에너지 절약이 당면과제가 될 것이기 때문에, 건축비가 조금 더 들더라도 단열은 완벽하게 한다는 것이 필자의 기본원칙이었다. 따라서 고단열 에너지 절감형 철근콘크리트 주택, 즉 준패시브하우스(Semi-passive House)를 지향하여 주변에서 무식하다는 소리를 들을 정도로 단열에 신경을 많이 썼는데, 단열공사는 크게 벽체, 지붕, 바닥 셋으로 나누어 설명하고자 한다.

① 벽체 단열

벽체는 양단열 공법을 채용하였으며, 벽체 외부는 그림35와 같이 85mm(밀도 30kg/m³) 두께의 스티로폼을, 벽체 내부는 그림36과 같이 33mm 두께의 e-보드를 사용하였다. e-보드는 단열성능이 가장 우수하며 불연재인 30mm 아이소핑크(밀도 30kg/m³)에 3mm 공기층이 형성된 단단한 자재가 부착된 것으로, 아이소핑크에 액체본드를 바르고 벽체 내부에 석고본드를 사용하여 부착하며, 별도로 석고보드를 댈 필요 없이 자연히 실내 벽이 된다. 특별히 식당은 카페 분위기를 연출하기 위해 벽체 내부는 30㎜ 아이소핑크를 댄 다음 폭 120㎜의 고벽돌을 쌓았으며, 벽체 외부도 85㎜ 스티로폼을 부착한 다음 폭 120㎜의 고벽돌을 쌓아 전체 벽두께가 무려 600㎜에 달했다. 식당 이외의 벽두께는 480㎜이었다(그림37 참조).

그림 35) 외단열재(스티로폼) 시공

이때 주의할 점은 앞서도 언급했듯이 편의성을 위해 벽체 거푸집을 설치할 때 벽체 외부에 스티로폼을 미리 넣는 경우가 있는데 콘크리트와 밀착되는 장점이 있지만, 콘크리트 타설 시 외벽 쪽으로 빈 공간이 생길 경우 스티로폼에 가려 찾아내지 못하는 단점이 있다. 특히, 벽체 두께를 150㎜로 시공할 때에는 반드시 단열재를 별도로 부착하는 것이 바람직하다.

(a) 아이소핑크에 풀칠하는 모습   (b) 석고본드를 사용해 부착하는 모습

그림 36) 내단열재(e-보드) 시공

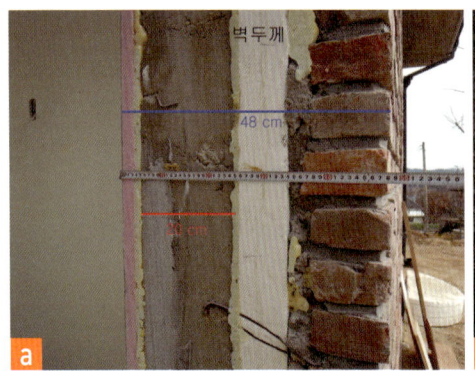 

(a) 벽체 두께   (b) 식당 벽체 두께

그림 37) 벽체 두께

② **지붕단열**

　지붕은 위쪽에 단열재를 대는 것이 용이하지 않아 내단열 공법으로 철근콘크리트 거푸집 설치 시 150㎜ 스티로폼(밀도 30kg/㎥)을 대고 철근 배근을 한 다음 콘크리트를 타설하였다. 그래도 불안하여 내장마감공사를 할 때 지붕 내부에 50㎜ 아이소핑크(밀도 30kg/㎥)를 더 부착한 다음 석고보드로 처리하였다.

③ **바닥단열**

그림 38) 바닥단열재(아이소핑크) 시공

　1층 바닥의 경우, 대부분 단열문제를 간과하기 쉬운데, 겨울철 난방 시 온수 파이프의 열을 바닥으로 빼앗길 수 있다. 기초공사에서 이미 비닐지를 깔고 매트기초로 바닥골조공사를 하였지만, 바닥으로의 열손실을 최소화하기 위해 그림38과 같이 50㎜ 두께의 아이소핑크(밀도 30kg/m³)를 더 깔았다.

U. 외장마감공사

집이 완성된 후에는 골조는 감춰지고 외장재만이 주택의 외형을 나타내게 된다. 조적조, 철근콘크리트, 목조 또는 스틸하우스 등 골조가 무엇이든, 외장재는 다양하게 적용될 수 있다는 점이다. 예를 들면, 철근콘크리트 골조에도 목재사이딩으로 외장을 할 수 있는데, 이 경우 외장재로만 판단하면 마치 목조주택으로 보이게 되는 것이다. 반면에 목구조에 적벽돌로 외장마감을 하면 마치 조적조로 지어진 주택처럼 보인다. 외장재의 선택은 어떤 자재를 선택하느냐에 따라 건축물의 전체적인 외관을 좌우하므로 초기에 예산과 디자인에 따르는 적절한 외장재를 미리 선택하는 것이 바람직하다.

외장마감공사는 필자의 사례를 벽체와 지붕으로 나누어 설명하고자 한다. 설계 당시에는 수차례의 3D 투시도 시뮬레이션을 해본 다음, 1층 외벽은 고벽돌, 2층 외벽은 흰색의 스타코플러스, 지붕은 암회색의 이중그림자 아스팔트 셩글로 결정하였다(그림30 투시도 참조). 하지만 공사 중 1층과 2층 외벽을 다르게 할 경우 연결 부분의 누수 문제 등을 방지하고 외관을 단순화하기 위해 1, 2층 외벽 전체를 고벽돌로 변경하였다. 그림39에 벽돌 쌓는 모습과 발수제를 도포하는 모습을 나타내었다. 고벽돌은 붉은색의 진흙을 압축성형해서 만든 중고벽돌이기 때문에 흡수율이 높아 발수제를 뿌려주어야 장마 중 빗물 흡수로 인해 이끼가 끼거나 변색되는 것을 방지할 수 있다. 또한, 한꺼번에 구입해야 같은 색깔, 같은 규격, 같은 모양의 것을 얻을 수 있다. 외장공사 전 지하 부분 외벽은 그림40과 같이 방수처리 하는 것도 잊지 말아야 한다.

(a) 고벽돌 쌓기   (b) 발수제 도포

그림 39) 외벽공사

지붕공사는 철근콘크리트가 타설된 지붕 슬래브(slab) 위에 방수공사를 한 다음, 방수시트를 부착하고(roofing), 암회색의 30년 이상 수명이 보장되는 이중그림자 아스팔트 싱글을 깔았다. 처마에는 물받이 홈통을 설치하였으며, 실리콘으로 방수처리 하였다(그림41 참조).

그림 40) 외벽 지하 부분 방수공사
그림 41) 지붕공사

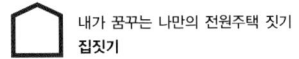

V. 창호 및 유리공사

    창호는 기능적으로 채광, 환기 및 조망의 역할을 담당하지만, 반대로 외기가 들어올 수 있는 통로로 단열성능을 떨어뜨리는 요소가 될 수도 있다. 최근 전원주택에서는 일반적으로 시스템 창호가 사용되고 있다. 일반 창호의 개폐방식이 주로 미서기(slide) 또는 여닫이(turn)인데 비해 시스템 창호는 개폐방식이 기울임(tilt), 여닫이, 미서기 또는 이들의 합성방식(예: tilt&turn)을 채택하고 있다. 국내 여러 업체에서도 시스템 창호가 출시되고 있으며, 목조주택용으로 수입된 창호도 전원주택에서 많이 사용되고 있다. 수입창호의 특징은 창호를 설치할 때 벽에 못을 박도록 한 날개(nail fin)가 있으며, 개폐방식이 오르내리창(hung), 들창(awning) 및 돌출창(bay window) 등 다양한 방식이 있다는 점이다.

    필자의 경우, 단열과 예산 문제 사이에서 '이중 창호로 할까 시스템 창호로 할까' 고민하다가 장기적으로 보아 단열에 유리한 시스템 창호를 설치하기로 결정하였다. 시공 당시 단열에 더 좋은 로이(Low-E) 3중 유리로 된 시스템 창호가 새로이 출시되어, 31㎜ 두께의 여닫고 기울일 수 있는 합성방식(tilt&turn)의 '로이 3중 유리 시스템 창호'를 채택하였다. 로이 3중 유리는 외판유리_5㎜+공기층_6㎜+내판유리_5㎜+공기층_10㎜+내판유리_5㎜_Low-E로 총 31㎜ 두께로 이루어졌다. 로이 3중 유리로 시공하면, 같은 시스템 창호라도 복층유리에 비해 가격이 비싼 반면에, 단열성능(최저 열관류율, 1.0W/m°K), 차음성능 및 에너지 절감 효과가 뛰어나며, 결로 예방 효과가 우수하여 결로 발생에 따른 인테리어 변색을 방지할 수 있고, 창의 슬림(slim)화로 외관이 수려한 점 등 많은 장점이 있다.

그림42에 창호 및 유리 시공 모습을 나타내었으며, 이때 주의할 점은 창의 정밀한 실측과 벽체와 창틀 사이의 완벽한 밀봉 시공이 이루어져야 한다는 것이다.

내가 꿈꾸는 나만의 전원주택 짓기
집짓기

(a) 거실 아치형 창(남쪽) (b) 식당 돌출창 (내부 / 외부)
(c) 2층 다락방 창 (d) 거실 아치형 창(동쪽_정면)

그림 42) 창호공사

W. 설비·전기·통신공사

　단열공사, 외벽과 지붕의 외장마감공사 및 창호공사가 완료되면 본격적으로 내부 마감공사가 진행된다. 내부 공사로는 크게 위생공사, 난방공사, 전기공사, 통신공사, 부대공사 등의 설비·전기·통신공사와 바닥, 내벽, 천장, 주방가구, 붙박이장 등의 내장마감공사, 두 가지로 대별할 수 있다. 여기서는 설비·전기·통신공사에 대하여 설명하고자 한다.

1. 위생공사

　위생공사는 급수 및 배수 배관공사를 말한다. 급수는 마을 상수도로부터 외부의 수도계량기를 통과해 보일러실로 연결되고, 보일러실에서 온수와 냉수가 주방, 1, 2층 화장실로 공급된다. 배수용 배관의 경우, 주방에서는 생활하수를 주방 외벽 밖으로, 1, 2층 화장실은 오수를 1층 화장실 외벽 밖으로 설치하였으며, 이 배관은 마을 하수종말처리장과 연결된 오수관에 연결하였다. 필자의 전원주택지는 면지역 시골임에도 불구하고 북한강 상류라서 하수종말처리장이 설치되어 있어, 정화조가 필요 없는 청정지역이다.

1층의 경우, 세면대는 화장실 밖으로 빼고, 화장실은 문턱을 없애고, 변기는 건식구조로, 샤워부스는 습식구조로 시공하였다. 습식구조의 경우, 2층 화장실을 포함해서 배관 연결 후 방수시멘트를 사용하여 누수가 없도록 하였다.

그림43에 위생공사 주요 사진을 나타내었다.

(a) 화장실 급수 배관 설치 모습
(b) 2층 화장실 오수관
(c) 1층 화장실 배관
(d) 1층 화장실 방수처리
그림 43) 위생공사

2. 난방공사

도시가스가 공급되지 않는 시골에서는 주로 기름보일러나 화목보일러를 사용하고 있는데, 시공사 사장님 왈, "기름보일러는 가동 시 소음이 크고 2층 난방은 별도의 보일러를 설치해야 하는 단점이 있으며, 가스보일러는 겨울철 가스통이 얼어 가스 일부를 사용하지 못하고 교체해야 하는 단점이 있다"고 하였다. 현지인들은 화목을 구하기가 비교적 용이하기 때문에 주로 화목보일러를 사용하거나 화목 겸용 기름보일러를 사용하지만, 전원주택의 경우는 화목구입 문제와 수시로 화목을 보일러에 투입해야 하는 번거로움이 있어 많이 사용하지 않는 편이다.

필자는 난방시스템으로 가스보일러를 채택하였다(그림44(a) 참조). 필자의 전원주택 지역 가스회사에서는 도시가스와 같은 방식으로 가스계량기를 달고 50kg 용량의 액화석유가스(Liquefied Petroleum Gas, LPG) 가스통 두 개를 설치하고 수시로 체크하여 빈 통을 교체해주기 때문에, 겨울철 가스가 얼어 미사용 가스로 인한 낭비나 가스부족으로 인한 취사 및 난방의 중단 걱정 없이 사용이 가능하였다(그림44(b) 참조). 또한 가스보일러는 2층 주택의 경우 기름보일러와 달리 2층에 별도로 설치할 필요 없이 1층의 가스보일러 한 대로 난방이 가능하며, 가동 시 소음이 없는 장점이 있다.

여기서 가스보일러 설치 당시 에피소드를 하나 소개하고자 한다. 대부분 전원주택을 지을 때, 보일러실은 준공 받은 다음, 편법으로 주택 외부에 가건물로 설치한다고 한다. 가건물이다 보니 겨울철에는 동파를 방지하기 위해 히터를 켜놓는 등 불편함이 있다. 6.6㎡(2평)도 되지 않는 보일러실 면적을 주택 연면적에서 제외시킬 요량으로 편법을 쓰느니, 주택 면적이 늘어나더라도 규정대로 하고자 필자는 주택 내부 남서쪽 귀퉁이에 보일러실을 두게 되었다(그림21. 1층 평면도 참조). 그러다보니 단열처리도 거실이나 안방 등 일반 공간과 똑같이 하게 되어 외벽 두께가 48㎝나 되었다. 가스보일러 설치 시 주의할 점이 일산화탄소의 누출로 인한 인명피해를 방지하기 위하여 배기가스 연통도 정품을 사용하고 연통의 경사도 등 가스보일러 설치 규정에 따라 정밀시공 해야 한다. 그러나 보일러실 외벽 두께가 48㎝씩이나 되는 사례가 없었기 때문에 보일러에 딸려온 연통은 길이가 짧아 설치가 불가능하였다. 가스보일러 대리점에서 만든 비품이 있다고 하는데 비품사용은 절대 안 된다고 하였더니, 시공사 사장님도 필자의 의견에 동의하여 정품의 긴 연통을 찾아보았다. 어렵사리 찾게 되어 사장님이 직접 구입해와 설치하게 되었는데, 설비사 사장님 왈, "정품의 긴 연통을 딱 3개 만들었는데, 한 개는 서울에 소재한 ○○○ 대기업 회장 집에 설치하고, 다른 하나는 양평에 소재한 ◇◇◇ 유명 가수 집에 설치하였으며, 나머지 남은 한 개를 구해오게 되었다" 한다.

우리 집이 ○○○ 회장 집이나 ◇◇◇ 가수 집 수준이 된다고 생각하니 긴 연통을 찾느라 보일러 설치가 1주일 이상 지연되었지만 기분이 나쁘진 않았다. 필자가 전하고자 하는 요점은 '작은 것 하나라도 철두철미하게 챙겨야 완벽시공이 가능하다'라는 것이다.

(a) 보일러 설치 (외부 / 내부)　　(b) 계량기와 가스통 설치
(c) 엑셀파이프 설치 모습　　　　(d) 모르타르 타설 후 바닥
그림 44) 난방공사

　난방은 바닥온돌에 열을 축열하여 이 열이 위로 복사되어 난방을 하는 복사난방과 라디에이터와 같이 공기를 직접 덥혀주는 대류난방으로 나눌 수 있다. 필자는 우리나라에서 일반적으로 쓰이고 있는 복사난방

방식을 채용했으며, 실별 온수분배기를 1, 2층에 각각 설치하였고, 그림 44(c)에서와 같이 온수공급을 위한 엑셀파이프를 이미 아이소핑크 단열재가 깔린 바닥 위에 설치하였다. 화장실도 바닥 난방 방식을 채용하여 거실이나 방과 동일하게 시공하였다. 이때 주의할 점은 모르타르로 바닥을 덮기 전에 엑셀파이프 연결 부위의 누수를 체크하기 위해 수압을 가한 상태에서 일정 기간 동안 지켜보아야 한다는 점이다. 일주일 동안 수압을 가한 상태에서 이상이 없음을 확인한 다음 바닥에 모르타르를 타설하였다(그림44(d) 참조).

3. 전기·통신공사

전기·통신공사는 조명과 전열(콘센트) 등 강전공사와 전화, 인터넷, TV 등 약전공사로 나눌 수 있다. 강전의 경우 특이한 점은 외국주택과 같이 침실(안방) 천장에 조명을 설치하지 않고 벽면에 백열등을 설치하고, 침대 옆 협탁에 삿갓등(간접조명)을 설치했다는 것이다. 침실은 그야말로 전자파의 영향도 받지 않고 숙면을 취할 수 있도록 조명 이외의 TV 등 일체의 전자제품을 두지 않도록 하였다.

강전공사의 경우, 콘센트를 충분히 많은 벽면에 설치하였으며 전원주택이기 때문에 외부에서도 전기가 필요할 경우를 대비하여 외벽에도 세 곳에 설치하였고, 스위치의 위치는 바닥에서 1.2m 높이로 통일하였다.

약전공사의 경우, 1층 거실 양 측면, 2층 방 두 곳, 부엌 등 다섯 곳에 TV 수구를 설치하였고, 인터넷 포트 역시 동일하게 설치하였다.

(a) 전선 연결
(b) 콘센트 설치
(c) 조명등 설치(거실)
(d) 전기·통신선 인입공사
그림 45) 전기공사

외부 전기공사는 정원등 세 곳과 창고, 주차장, 대문에 지중화 공사로 설치하였으며, 특히 집 근처 전봇대로부터의 인입공사도 전기선과 통신선(광랜) 모두 지중화 공사를 통해 집 주변에 여러 전선들이 늘어져 있어 미관상 좋지 않은 대부분의 전원주택들과 차별화하였다.

그림45에 전기공사 주요 장면을 나타내었다.

4. 부대 설비공사

부대공사로 준공검사 전 필수사항인 화재감지기 설치와 소화기를 비치하였고, 입주 전에 전화, 인터넷, CCTV 등을 설치하였다.

X. 내장마감공사

주택이 어느 정도 윤곽을 잡아갔고, 마지막으로 바닥, 내벽, 천장 등의 실내 마감공사와 매립장, 붙박이장, 2층 계단 등의 가구공사 (목공사) 및 주방, 화장실 등의 기타 내장공사가 이루어졌다.

1. 실내 마감공사

실내 벽체는 이미 'T. 단열공사'에서 설명했듯이, 아이소핑크가 부착된 'e-보드'로 하였으며, 외벽 내부 벽체는 33㎜ 두께의 e-보드를, 내벽 양면에도 결로를 방지하기 위해 13㎜ 두께의 e-보드로 시공하였다.

그림46과 같이 천장은 이중 석고보드로 처리했으며, 벽체와 천장 마감공사는 거실과 복도의 경우 흰색의 친환경 페인트를 칠했으며,

방은 초배지를 바른 후 벽지(합지)로 도배하였다. 주방과 화장실, 현관 벽은 타일을 붙였으며, 식당 내벽과 거실 벽난로 부근 벽은 붉은 색깔의 고벽돌을 쌓았다. 바닥은 친환경 본드를 이용하여 온돌마루를 깔았으며, 문지방을 없애 통행을 편리하게 하였다.

페인트칠은 제대로 시공하면 10년 이상 유지할 수 있는 장점이 있다. 이음매 부분에 거즈를 대고, 모서리에는 각을 잡기 위해 메탈코너테잎(metal corner tape, 수입품)으로 특수처리 하였으며, 1주일 이상의 퍼티 및 연마 작업 후에 페인트를 2회(하도, 상도) 스프레이 분사하여 마감하였다.

여기서, 한 가지 부연하여 소개하고 싶은 것은, 일반적으로 많은 사람들이 "'페인트칠' 하면 역겨운 페인트 냄새와 인체에 해로운 것 아닌가?"라는 의문을 가질 수 있을 것이다. 필자의 경우에는 수출용 고급 친환경 페인트를 생산하는 회사로부터 '친환경 페인트'를 찬조 받아 사용했는데, 페인트를 칠한 직후 벌레들이 붙어 있을 정도로 아무런 냄새도 나지 않았다. 친구인 회사대표 김 사장에게 이 자리를 빌려 다시 한 번 고맙다는 말을 전하고 싶다.

또 한 가지, 일반적으로 대부분 벽과 천장이 만나는 부분에 목재 코너 몰딩을 대는데 필자의 경우 '매립형 T형 알루미늄 바'를 대어 정밀시공 하였다. 저녁에 벽과 천장이 만나는 부분을 보면 T형 알루미늄 바의 그림자가 아름답게 보여 필자를 기분 좋게 한다.

(a) 석고보드 부착(천장)   (b) 페인트칠(거실)
(c) 벽지 도배(안방)   (d) 온돌마루 시공(바닥 전체)
그림 46) 내부 마감공사

2. 가구공사(목공사)

실내 가구공사, 즉 목공사로는 거실과 안방의 매립장, 2층으로 올라가는 계단, 2층 침실의 다락방, 세면대 하부와 기타 빈 공간에 붙박이장을 설치하여 공간 활용을 극대화하였다. 필자의 경우, 가짜를 싫어해서 인체에 유해한 포르말린(formaldehyde) 접착제를 이용해 제조한

MDF(Medium Density Fireboard, 중밀도 섬유질 판) 가구는 일체 들이지 않았다. 방문을 포함해서 모든 목가구 소재는 원목이나 집성목을 사용했으며, 때타지 않을 정도로 살짝 무색 투명한 라카칠로 마감하였다.

(a) 매립장(거실) (b) 계단 제작(2층▶1층)
(c) 다락방(2층 침실2) (d) TV 받침대
그림 47) 가구공사(목공사)

필자의 집이 여느 전원주택에 비해 차별화되는 점은 2층 '침실2' 천장의 박공구조를 활용하여 다락방을 목공사로 짜 넣은 것이다.

실제 3층 수준의 다락방에서 앞마을 전경을 감상하는 것이 또 하나의 묘미이기도 하다. 그리고 계단재로 사용하고 남은 두꺼운 집성목을 이용해 TV 받침대를 거실 공간에 맞춰 제작했는데, 방문객들마다 마음에 든다고 어디서 샀냐는 질문을 많이 받고 있다.

그림47에 몇 가지 목공사 사진을 나타내었다.

3. 기타 내장공사

내장공사 마지막으로 주방과 화장실 공사를 들 수 있다. 필자의 경우, 아내가 자주 올 수 있도록 주방과 화장실은 나름 A급으로 마감하였다. 주방가구는 그림48과 49에서와 같이 H사 주방가구 디자이너의 맞춤설계를 통해 주부에게 편리하도록 시공하였으며, 벽은 회색의 큼지막한 고급스러운 타일을 부착하였다. 화장실 변기와 세면기는 국내 제조업체 *림 3개 회사에 수입 원료를 공급하는 무역회사를 운영하는 최 사장님(대학 선배)이 선물한 것으로, 1층 화장실에는 원피스(one piece)짜리 변기를, 2층 화장실에는 투피스(two pieces)짜리 변기를 설치하였다.

사실 일반인들은 잘 모를 원피스, 투피스 변기에 관하여 필자 또한 마찬가지로 이번 계기를 통해 알게 되었다. 말 그대로 원피스는 한 개의 몸체로, 투피스는 두 개의 몸체로 이루어진 변기를 말한다

(그림50 참조: 오른쪽-원피스). 원피스 변기는 호텔에서 흔히 볼 수 있는 높이가 낮고 고급스러운 변기라고 생각하면 된다.

근처 골프장에서 운동을 함께 했던 동반자들이 들렀을 때, 상수도 수압이 낮아 물이 쫄쫄 나오는 것을 보고, 후배 이 박사는 자신이 개발해 상품화됐다며 고압으로 분사되는 '세라믹 나노 수도꼭지'를 선물해주어 주방과 샤워기에 연결해서 잘 사용하고 있다. 이 자리를 빌려 항상 후의를 베풀어주는 최 선배님과 이 박사에게 사의를 표한다.

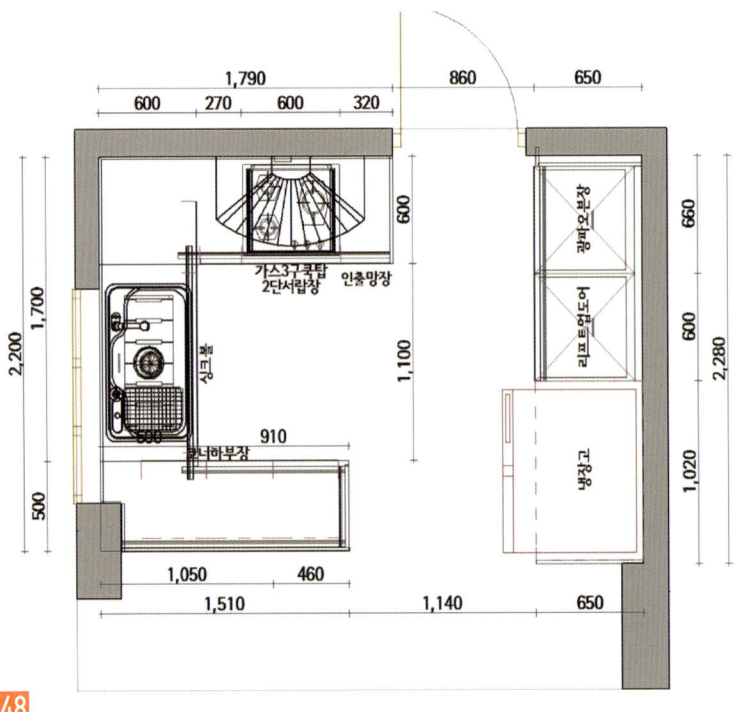

그림 48) 주방가구 설계도

그림 49) 주방가구 설치 모습

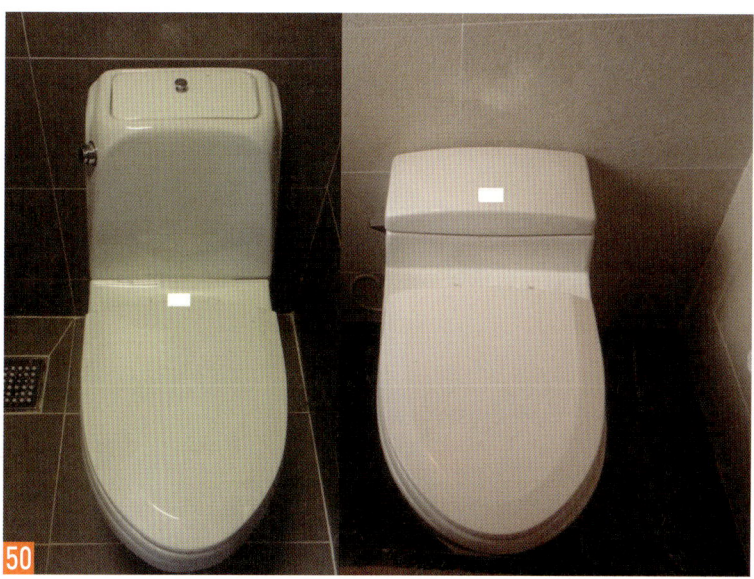
그림 50) 화장실 변기의 종류(좌: Two Pieces/ 우: One Piece)

Y. 마무리 공사 및 준공

1. 마무리 공사

  마무리 공사로 벽난로 설치와 현관문, 데크, 오·우수관, 각종 맨홀 등의 공사, 그리고 석축 쌓기, 마당과 계단 사이의 옹벽과 계단 설치, 외부바닥 평탄작업, 진입로 정비 등이 있다.

  벽난로는 그림51(a)와 같이 이중연소 시스템으로 난방효율이 가장 우수한 것으로 알려진 노출형 주물 벽난로를 설치했으며, 그림 51(b)와 같이 현관문은 비용이 좀 들었지만 집 전체와 균형을 맞춰 탄화시켜 제작한 고급스러운 목재문을 설치하였다.

  이 마을은 시골임에도 불구하고 하수종말처리장이 있어 정화조가 필요없고, 대신 KS규격 정품자재를 사용하여 오수관과 맨홀을 묻어야 한다. 오수관 공사를 하면서 우수관 공사도 함께 하였다. 이미 시행한 전기·통신 지중화공사에 이어 오·우수관 매설공사를 완료한 다음, 집 주변 정리와 마당 평탄작업을 하였다(그림51(c)~(e) 참조).

그림51(f)는 데크시공모습인데, '집은 작아도 데크는 크게 해야 한다'라는 말도 있다. 전원주택에서 데크는 외부활동이 많기 때문에 가급적 넉넉하게 까는 것이 좋다. 시공 시 주의할 점은 자재는 두꺼운 방부목을 쓸 것이며, 녹이 슬고 많이 사용하면 튀어나오는 일반 못을 사용하지 말고, 녹이 슬지 않는 나사못으로 조여주어야 하자가 발생하지 않는다.

마지막으로 그림51(g)와 (h)에서 보는 것과 같이 석축쌓기, 진입로 포장 등의 최종 마무리 공사를 완료하였다.

(a) 노출형 주물 벽난로   (b) 현관문
그림 51) 마무리 공사

내가 꿈꾸는 나만의 전원주택 짓기
집짓기

(c) 오·우수관 매설 모습
(e) 마당 평탄 작업
(g) 석축쌓기
그림 51) (continued)

(d) 오·우수관 맨홀 설치 모습
(f) 데크 시공 모습
(h) 진입로 포장

2. 준공

제반 건축공사가 완료되면 건축물을 사용하기 전에 관할 행정기관에 사용승인, 즉 준공검사를 신청해야 한다.

사용승인 신청 전에 대청소와 폐기물 처리를 완료했으며, 시운전을 통해 가스보일러는 제대로 작동되는지, 온수는 제대로 공급되는지 등을 점검하여 이상이 없음을 확인하였다. 사용승인은 설계를 해준 건축사사무소에서 공사 중 변경된 부분에 대한 설계변경서류와 함께 제반 구비서류를 갖춰 신청하였으며, 곧바로 군청 담당부서의 실사를 거쳐 사용승인을 받았다.

그림52에 건축공사 완료 직후, 완성된 주택 내부의 주요 사진을 나타내었다.

(a) 거실

(b) 침실1(안방)

그림 52) 완성된 주택 내부 모습

(c) 주방
(e) 1층 화장실과 파우더룸
(d) 식당
(f) 계단(1층▶2층)

그림 52) (continued)

(g) 침실2 (h) 다락방(침실2)
(i) 침실3 (j) 2층 화장실
그림 52) (continued)

3. 가구 구입 및 집들이

　사용승인을 받은 다음 냉장고, 식탁, 소파, TV, 침대 등의 가구 구입과 입주를 준비하였다. 동생들은 고급 가구(Tea Table & Side Table Set, ARCA, Italy)를 선물해 주었으며, 사진작가인 셋째 여동생은 그림 53과 같이 대형 사진을, 화가인 막내 처남댁은 그림54와 같이 대형 추상화를 직접 제작하여 선물해 주었다. 그밖에 다른 형제자매들로부터도 많은 선물을 받았다.

그림 53) 솔내음 속으로…(유은숙, 2002)

그림 54) 리시안샤스가 있는 꽃다발II(조남숙, 2013)

입주 후 먼저 해야 할 것이 '집들이'이다. 전원주택을 지으면 처음 1년은 주말 대부분을 바비큐 파티(party)로 보낸다고들 한다. 그러다 이웃 주민들과 마찰을 일으키기도 하고, '파티'도 자주 하다보면 지쳐서 나중엔 '파리'(영어로 'party' 발음이 '파리') 날리듯 전원생활을 포기하는 경우도 있다고 한다.

필자는 아내와 다짐했다. 찾아오는 손님들은 언제든지 적극 환영하겠지만, 우리는 꼭 필요한 경우를 제외하고는 이웃 현지 주민들에게 위화감을 조성할 수도 있는 '파티'는 하지 말자고, 가족의 휴식의 장소, 힐링의 장소로 만들자고······.

겨울이 지나 봄이 찾아오면서 마을 주민들을 초청해서 집들이를 하기로 했다. 마을 분들과 앞으로 화목하게 지내기 위한 일종의 신고식이라고나 할까? 형제들의 도움을 받아 음식을 준비하고 마을 주민들을 맞이하였다. 시간이 되자 이장님, 노인회장님, 반장님, 많은 분들이 한 분 두 분 손에 하나씩 뭔가를 들고 오시기 시작했다. 집들이 선물이었다. 부담을 드린 것 같아 죄송하기도 했지만 시골의 순박한 인심을 느낄 수 있었다. 아마도 한 10년 정도는 화장지와 세제는 살 필요가 없을 것 같다.

공식 집들이는 최소한으로 하려 했는데도, 본가 식구들, 처가 식구들, 직장 동료들 집들이를 하였고, 제자들과 신년회도 하였다. 그동안 친구들도 개별적으로 또는 그룹으로 참 많이 다녀갔다.

그림55에 집들이 모습을 담았다.

(a) 마을 주민 집들이   (b) 제자들 신년회 겸 집들이
그림 55) 집들이 모습

Z. 조경공사 및 유지관리

1. 조경공사

　정원(garden)은 둘러싼다는 의미의 라틴어 'gar'와 아름답게 꾸민다는 뜻의 'eden' 또는 'oden'에서 유래했다. 즉 일정한 테두리 안에서 사람의 손길을 거쳐 탄생하는 것이 정원이다.

　정원은 자연인 동시에 문화이고, 유토피아이며, 실용적 공간이요, 치유의 공간이고, 메모리얼이며, 정원은 예술적 공간이라고 한다. 생활공간으로서의 정원은 건축물의 부수적인 여유 공간이거나 보고 즐길 수 있는 장식적인 의미를 갖는 공간이 아니고 일상생활과 밀접한 관계를 갖는 공간이다. 침엽수와 활엽수가, 큰 나무와 작은 나무가 조화를 이뤄 원근감이 있는 잘 꾸며진 정원은 주인은 물론 이웃 주민들에게까지도 정서적인 풍요로움을 전해준다.

　잠시 행복하려면 술에 취하고, 1~2년 행복하려면 사랑에 빠지면

되지만, 평생 행복하려면 정원을 가꿔보라는 말이 있다. 심지어 '잘 가꿔놓은 정원은 집주인의 인격이다'라고 까지 말하는 사람도 있다. 잘 가꿔진 조경은 미적 가치를 높일 뿐 아니라 전원주택의 부가가치를 높여준다. 세월이 흐르면 집은 감가상각이 되어 값이 떨어지기 마련이지만, 나무는 묘목이 자라 금값이 되기 때문이다.

흔히들 집의 완성은 정원이라 하지만, 현실은 그렇지 않다. 고단한 집짓기를 마치고 나면 대부분의 건축주는 여력이 없고, 주머니 사정도 넉넉지 않다. 결국 준공을 위한 식재로 아쉬운 마음을 달랠 뿐이다. 그럼에도 불구하고, 내가 좋아하는 나무 한 그루에 꽃이 피고 열매가 맺히는 과정을 보면 누구나 하나둘 정원에 빠져들 수밖에 없다. 그리고 깨닫는다. 정원을 가꾸는 일은 내 삶을 사랑하는 일임을….

■ 필자의 사례

1월 중순에 착공해서 12월 초에 사용승인을 받았으니, 1년여에 걸쳐 꿈꾸어 오던 전원주택 건축을 완성하였다. 세상만사가 후회 없는 일이 없듯이 100% 만족하지는 못하지만, 그런대로 나와 내 가족에겐 좋은 집을 지었다고 자평한다.

겨우내 필요한 가구들을 장만하고, 봄이 되면서 마당에 잔디를 심고, 우선 꼭 필요한 조경공사를 시작하였다. 필자가 정년퇴직할 때를 조경의 완성시기로 보고, 작은 묘목을 심어서 키우기로 하였다. 또한, 값비싼 나무로 장식하기보다 최소한의 정원수를 심되 유실수를 많이 심기로 하였다. 왜냐하면, 주변 산천이 모두 내 정원이기 때문에…….

그림56은 준공 5년 경과 후 정원의 주요 모습이다.

(a) 이팝나무
(b) 주목과 꽃잔디
(c) 꽃사과
(d) 산수유 열매

그림 56) 정원 풍경

(e) 블루베리 단풍 (f) 자작나무와 단풍나무

그림 56) (continued)

　조경학과 교수님들의 조언을 받아 정원수, 유실수 심을 자리와 텃밭 위치를 정하고, 저렴한 가격의 묘목을 구입하여 식재하였다. 석축사이엔 철쭉(자산홍, 연산홍, 백철)과 회양목을, 정원수로는 목련, 라일락, 산수유, 개나리, 장미, 작약, 수국, 산철쭉, 진달래, 함박꽃나무, 박태기나무, 명자나무, 마가목, 해당화, 향나무, 노간주나무, 측백나무, 황금측백나무, 금강송, 반송, 황금반송, 황금회화나무, 구상나무, 단풍나무(홍단풍, 청 단풍, 복자기 단풍), 자작나무, 이팝나무, 조팝나무, 화살나무 등등. 유실수로는 요즘 유행하는 블루베리를 많이 심었으며, 매실, 체리, 살구나무, 꾸지뽕나무, 비타민나무 등도 심었다. 화단도 만들어 맨드라미, 봉숭아, 분꽃, 백일홍, 금낭화, 그리고 20여 종의 다년생 야생화도 심었다.

선배 교수님으로부터는 30년생 주목 6주를 선물 받았고, 셋째 여동생은 귀한 90년생 돌배나무와 100년생 홍송 3주를 심어 주었으며, 과수원 농장을 운영하시는 큰 처형님은 사과나무, 대추나무, 매실, 보리수를 심어 주어, 제법 근사한 조경을 할 수 있었다.

고향 초등학교 친구들은 나무시장에서 구입하기 어려운 개복숭아 및 고야나무와 엄나무를 선사해 주었다. 마을 이장님은 이 고장이 무궁화 마을이라고 무궁화를 10주 주시어 경계목으로 쥐똥나무와 함께 식재하였다.

그림57과 같이 텃밭도 조성하여 싱싱한 과일과 채소, 배추, 마늘 등은 자급자족하고 있다.

(a) 채소와 과일 모종 (봄)   (b) 마늘 파종 (늦가을)

그림 57) 텃밭

2. 유지관리

'유지관리'란 완성된 건축물의 기능을 유지하고, 이용자들의 편의와 안전을 높이기 위해 시설물을 일상적으로 점검·정비하며, 손상된 부분이 발생하면 원상복구 하는 것을 말한다.

전원주택도 예외일 수는 없다. 적절한 관리와 보수는 집의 수명연장뿐 아니라 안전을 위해서도 필수적이다. 전기, 배수시설물 등은 전문가의 정기점검을 받는 것이 좋지만 주택의 외부 마감재, 데크 및 철재 부분의 페인트칠이나 정원의 손질, 통풍구나 배수구의 청소 등은 집주인이 스스로 해결하는 것이 좋다.

아무리 완벽하게 시공을 했더라도 시간이 지남에 따라 하자가 발생할 수 있다. 하자 보수기간 안에 하자가 발생하면 시공업체에게 보수를 요구할 수 있으며, 시공업체가 고의 또는 과실로 부실하게 시공하였거나 설계도면이나 계약서와 다르게 시공했을 경우에는 손해배상의 책임이 있다.

■ 필자의 사례를 중심으로

완성도 높은 설계도면으로 완벽하게 시공하기 위해 노력했음에도 불구하고, 집을 짓고 10년 동안 사계절을 열 번 겪으면서 필자의 주택에도 크고 작은 하자가 발생하여 보수를 하였다. 대표적으로 시공상 문제로 발생한 하자보수와 일상적인 보수 두 가지 사례를 소개하고자 한다.

첫째, 2층 테라스 바닥을 일반적으로 옥상 바닥에 적용하는 우레탄칠을 하지 않고, 테라스에서 바라보는 전망이 너무 좋아 차 마시는 야외카페로 활용하고자 고급스럽게 타일을 깔고 가장자리는 데크를 깔았다. 그런데, 타일 사이의 줄눈으로 빗물이 스며들어 타일 밑바닥이 항상 젖은 상태로 있었으며, 그림58(a)와 같이 백화현상이 발생하여 타일 표면이 지저분해지고, 겨울철에는 젖었던 타일 밑부분이 얼면서 부피가 팽창하여 타일에 균열이 발생하였다. 하는 수 없이 타일을 모두 부숴내고, 방수시멘트를 바른 다음, 하도, 중도, 상도, 즉 3단계의 우레탄칠을 하여 보수하였다. 여기서, 한 가지 체험한 진리는 주택 건축에도 공짜는 없다는 사실이다. 모양을 내거나 예쁘게 짓기 위해서는 그만한 대가를 치러야 하는가 보다.

둘째, 시간경과에 따른 일상적인 보수의 예로 현관문의 경우, 집 외벽과 어울리게 탄화 목재문을 설치하였더니, 그림58(c)와 같이 변색되어 햇빛을 받은 부분과 받지 않은 부분의 색깔에 차이가 났으며 문의 내구성도 걱정이 되었다. 제조회사에 문의하여 적합한 오일스테인(Oil Stain)을 추천받아 구입해서 칠했다(그림58(d) 참조).

이상의 두 보수 사례는 필자로 하여금 타일을 부숴내느라 손에 물집이 잡히면서, 현관문에 오일스테인을 칠하느라 옷에 페인트를 묻혀 가면서 직접 보수하게 만들었다. 왜냐하면 전원주택은 시내에서 멀리 떨어져 있어 인부를 부를 경우 출장비가 비싸 배보다 배꼽이 더 커질 수 있기 때문이다.

전원주택 유지관리를 잘하기 위해서는 집주인의 부지런함과 열정이 있어야 하며, 웬만한 고장은 손수 수리할 수 있어야 한다.

(a) 테라스 바닥 보수 전 (b) 테라스 우레탄 시공 후
(c) 현관문 보수 전 (d) 현관문 보수 후
그림 58) 2층 테라스 바닥 하자보수와 현관문 보수

3. 준공 후 변화된 모습

벌써 집을 지은 지도 10년이 지났다. 그동안 큰 하자는 발생하지 않았으며, 단열을 완벽하게 하고 벽난로를 설치한 덕분에 겨울철 난방비도 많이 들지 않았다. 식구도 늘었다. 입주 당시 선배 교수님이 예쁜 강아지(아빠_진돗개 + 엄마_사모예드) 한 마리를 분양해 주셨는데, 어느 새 어른이 되어 친구가 되었다. 준공 다음 해에는 집 뒤에 조경을 전공하시는 교수님 부부가 아담한 목조주택을 짓고 입주하여 좋은 이웃사촌도 생겼다.

그림59는 준공 직후의 모습이고, 그림60은 준공 6개월 후의 모습이며, 그림61은 준공 3년 6개월 후의 모습이고, 그림62는 준공 5년 후의 모습이다. 집을 사랑하는 마음으로 애정을 갖고 대하니 점점 더 근사한 전원주택이 돼가는 것 같다. 그동안 마당의 잔디도 잘 자랐고 정원의 나무들도 자리를 잡아 무성하게 숲을 이뤄, 잔디 깎고 나뭇가지 전지하기에 바쁘다. 앵두, 살구, 블루베리, 대추, 사과 등등의 유실수들도 열매를 맺기 시작하여 잘 따먹고 있으며 일부는 과실주를 담기도 하였다.

앞으로도 열정을 갖고 잘 관리해 나갈 것이며, 정년퇴직 때쯤이면 세상에 하나밖에 없는 정원수와 유실수가 조화를 이룬 아름다운 정원이 완성될 것으로 예상했었는데 정원 가꾸기는 아직도 진행 중이다. 준공 10년 후의 변화된 모습은 후속공사 편에서 비교하였다.

(a) 정면   (b) 배면

그림 59) 준공 직후 모습

(a) 정면 (b) 마당과 집

그림 60) 준공 6개월 후 모습

(a) 정면 (b) 마당과 집

그림 61) 준공 3년 6개월 후 모습

(c) 정문 (d) 마당과 정원

그림 61) (continued)

(e) 좌측면   (f) 배면(左)

그림 61) (continued)

(g) 배면(右)   (h) 우측면

그림 61) (continued)

(a) 마당과 집   (b) 좌측면

그림 62) 준공 5년 후 모습(사진_변종석)

(c) 거실

그림 62) (continued)

후속공사

가 캐노피 설치　**나** 대문 설치　**다** 창고 외벽 및 지붕공사
라 진입도로 포장공사　**마** 나만의 전원주택 만들기　**바** 조경수
전정공사　**사** 준공 10년 후 모습

가. 캐노피 설치

　남향에 위치한 부엌 앞쪽 데크는 차를 마시거나 담소를 나누는 곳으로 전원생활에서 가장 중요한 공간으로 활용하고 있으나, 비가 오거나 햇빛이 강할 때 불편하여 데크를 확장하면서 캐노피(햇빛 가림막)를 설치하였다(그림63 참조). 데크 하단에는 그릴 크기에 맞춰 그릴 보관함을 제작하였으며, 상단은 자연스레 의자가 될 수 있도록 높이를 조절하였다.
　최근에는 많은 손님이 오실 경우 식탁이 비좁아 10인용 대형 테이블을 제작하였다. 제재소에서 800mm(W)x2,400mm(L)x90mm(T) 크기의 뉴송을 구입하여 샌딩작업을 거치고 올리브유를 세차례 칠해 완성하였다(그림64 참조).

내가 꿈꾸는 나만의 전원주택 짓기
후속공사

(a) 설치 전

(b) 설치 후

그림 63) 캐노피 설치 전·후 모습

(a) 제작 중

(b) 완성품

그림 64) 대형 테이블 제작

나. 대문 설치

이웃에 대문을 설치한 농가가 한 집도 없어 필자도 처음에는 대문 없이 지냈다. 그런데, 어느 순간부터 잡상인도 들어오고 무단주차를 하기도 하여, 대문을 설치하게 되었다. 대문은 내구성이 있는 알루미늄 주물대문으로 하였다. 진입로가 약간 오르막 경사가 있으며 대문 밖 도로가 곧바로 커브를 틀어야하는 구조이기 때문에 폭은 넉넉하게 5m로 하였으며, 높이는 1.5m 정도로 낮게 하였다(그림65 참조).

(a) 설치 중   (b) 설치 후

그림 65) 대문 설치

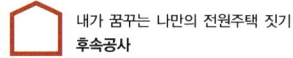

다. 창고 외벽 및 지붕공사

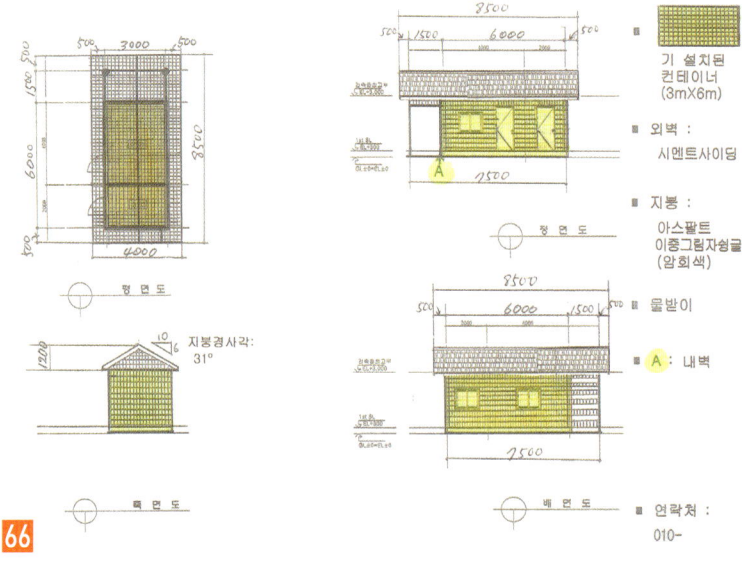

그림 66) 창고 외벽 및 지붕공사 설계도

전원생활에서는 수납공간이 많이 필요한데, 그 중에서도 꼭 필요한 공간 중의 하나가 농기구와 비료 등을 보관할 수 있는 창고이다. 집짓기 전에 사용하던 컨테이너(3m×6m)를 창고(부속동)로 설치하였으나, 주기적으로 페인트칠을 해주어야 하고 무더운 여름철에는 실내의 온도가 너무 높아 벽체와 지붕공사를 하게 되었다. 그림66에 공사 설계도면을 나타내었으며, 그림67과 같이 외벽에는 시멘트 사이딩을 대고 옅은 회색으로 도색하였고, 지붕은 주택(본동)과 동일한 암회색의 이중그림자 아스팔트 슁글을 깔았다.

내가 꿈꾸는 나만의 전원주택 짓기
후속공사

(a) 공사 전
(b) 외벽공사 중
(c) 지붕공사 중
(d) 공사 후

그림 67) 창고 외벽 및 지붕공사

라. 진입도로 포장공사

집을 지으면서 집 앞을 넓게 사용하기 위해 원래 4m 도로와 맞닿은 토지경계에서 2m 정도 후퇴시켜 경계 석축을 쌓은 다음, 콘크리트 포장을 하였었다. 전원주택 준공을 받은 후에, 마을 이장을 통해 군청에 아스콘 포장을 신청하였는데 충분한 예산이 나와 큰 길에서부터 뒷집 앞까지 약 500m 정도를 깨끗하게 아스콘 포장을 하게 되었다(필자의 집이 신주소로 45번지인데, 이는 큰 길에서 450m 거리의 도로 왼쪽에 있다는 의미임). 그림68에서 보는 바와 같이 가로수로 팥배나무도 6주 식재하였다.

내가 꿈꾸는 나만의 전원주택 짓기
후속공사

(a) 공사 전
(c) 공사 후
(b) 공사 중
(d) 가로수 식재

그림 68) 진입도로 아스콘 포장공사

마. 나만의 전원주택 만들기

프롤로그에 많은 남성들의 로망이 전원주택을 갖는 것이라고 언급하였는데, 미국이나 유럽 남성들의 취미가 뭐냐고 물으면 대부분 가드닝(Gardening) 또는 목공(Carpentry)이라고들 한다. 거라지(Garage)를 구비한 단독주택에 살면서 정원을 관리하고 각종 공구로 소가구를 제작하며 주말을 즐긴다. 전원주택에 살려면 텃밭을 일구는 농부도 돼야 하고, 가능하면 각종 집수리도 직접 해야 한다. 소위 '맥가이버'가 되어야 한다.

'나만의 전원주택'이라 말할 수 있는 필자가 직접 제작하거나 조성한 몇 가지 사례를 소개하고자 한다.

1. 반려견 집 제작

  우선, 나의 집에만 있는 것으로 '반려견 집'을 소개하면, 선배교수로부터 생후 2개월 된 강아지를 선물 받아 키우게 되었으며, 그림 69(a)와 (b)가 생후 3개월 모습이다. 아빠가 진돗개고 엄마가 사모예드인 강아지의 이름은 전원주택 소재지인 '모곡리'에서 '곡'자를 뺀 '모리'로 지었다. 처음 한 달은 서울과 시골을 차에 태우고 오가며 키웠으나, 애완견도 아니고 큰 개를 아파트에서 기른다는 것이 어려워 전원주택에 집을 만들어 주기로 하였다. 공사 후 남은 자재로 주택 본동과 같은 모양의 단열재를 넣은 고벽돌 벽체와 암회색의 이중그림자 아스팔트 슁글 지붕의 이 세상에 하나 밖에 없는 집을 지어 주었다(그림 69(c) 참조). 필자는 목줄을 해주는 것이 싫어 2m×2m 크기의 펜스로 울타리를 설치해 주었으며, 모리가 커감에 따라 좁은 느낌이 들어 1년 후쯤 3m×2m로 확장해 주었다. 모리집의 특징으로, 그림69(d)와 같이 먹이는 소위 '자동사료공급기'를 제작해 최대 10일 동안 먹을 수 있는 사료를 넣어 두어 자동으로 공급되도록 하였으며, 물은 폐타이어를 받침대로 사용하여 물그릇이 넘어지지 않도록 하였다. 매월 심장사상충약을 먹이고 주기적으로 광견병, 전염병 등 각종 예방주사도 맞혀야 하는 번거로움이 있지만 필자부부에겐 재롱으로 웃음을 선사하고 마을을 산책할 때 친구가 되기도 하는 소중한 식구가 되었다.

(a) 생후 3개월 모습   (b) 잠자는 모습
(c) 집과 울타리   (d) 자동사료공급기
그림 69) 반려견 '모리'의 집

2. 가스통 보관실 제작

난방과 취사 연료로 난방과 취사 연료로 'LPG'를 사용하는데, 50kg 용량의 대형 가스통 2개가 외부에 노출되어 있어 눈·비와 땡

볕으로부터 보호할 수 있는 가스통 보관실을 제작해야겠다는 생각을 하고 있었는데 그사이에 몇 년이 흘러갔다. 지난여름 100년만의 무더위를 겪으면서 최근에 후속공사 후 남은 자재로 가스통 보관실을 제작하였다. 남향은 데크재로 벽체를 만들어 햇빛을 차단하였으며, 방부목을 사용하였지만 내구성을 높이기 위해 투명 오일스테인을 두 차례 칠해주었다. 지붕 역시 본동과 마찬가지로 이중그림자 아스팔트 슁글을 깔았다(그림70 참조).

(a) 제작 전

(b) 제작 후

그림 70) 가스통 보관실

3. 장작 보관소 제작

겨울철 난방 보조기구로 거실에 노출형 벽난로를 설치했는데 화력이 좋은 참나무 장작을 사용한다. 장작은 최소한 3개월 이상 건조한 것이어야 그을음으로 인한 연통막힘을 방지할 수 있으며, 응달에서 말린다. 집 북쪽 외벽에 쌓아 놓았는데 눈·비에 노출되어 최근에 그림71과 같이 방부목과 아스팔트슁글 지붕재를 사용하여 장작 보관소를 제작하였다.

그림 71) 장작 보관소   그림 72) 버섯 재배사

4. 버섯 재배사 설치

전원생활 5년차에 접어들면서 여유가 생겨 표고버섯과 느타리버섯을 직접 재배하기로 하였다. 평소 버섯 재배사 자리로 봐 두었던 창고 북쪽 마지막 빈터에 건축용 비계와 70% 차광막을 이용하여 견고한 재배사를 설치하였다. 표고버섯은 참나무, 느타리버섯은 뽕나무 원목을 사용하였다(그림72 참조).

5. 기 타

그림73과 같이 부지 조성 당시 베어낸 잣나무 중에서 청바지를 입은 아가씨 다리 모양의 나무가 있어서 잘 다듬고 오일스테인을 칠해 현관 앞에 세워놓았다. 무미건조해 보였던 현관 앞 포치 공간이 살아났고, 간단한 휴대물품 받침대로도 유용하게 사용하고 있다.

마지막으로, 그림74는 주차장 옆 땅속에 묻어 놓은 김장독 사진으로, 매년 텃밭에 배추를 재배하여 직접 담근 김장으로 겨울철이면 옛날 그대로의 김치 맛을 즐기고 있다. 김장독은 건너편에서 된장공장을 운영하는 김사장님께 전통방식으로 제조된 항아리를 어디서 살 수 있는지 문의하였더니 선물로 주신 것이다. 선물도 주시고 어려움이 있을 때 많은 도움을 주신 김사장님께 이 자리를 빌려 다시 한 번 사의를 표한다.

그림 73) 사람 다리 모양의 받침대   그림 74) 땅속에 묻은 김장독

바. 조경수 전정공사

　집을 지은 지 6년이 지나니까 이식한 조형 소나무의 가지가 무성하여 폭설이나 비바람에 가지가 꺾이거나 쓰러질 염려가 있었다. 10m 이상의 큰 소나무는 스카이카를 부르고 전문 조경사에게 의뢰하여 전정작업 적기인 2월에 공사를 진행하였다. 그림75에서 볼 수 있듯이 깔끔하고 시원한 모습으로 재탄생했다.

내가 꿈꾸는 나만의 전원주택 짓기
후속공사

그림 75) 전정공사 전·후 모습

사. 준공 10년 후 모습

1. 유지관리 및 개선

전원주택과 이에 딸린 1,580㎡(480여평)의 토지를 지속적으로 관리하기 위해서는 많은 시간과 노력과 정성이 필요하다. 필자는 텃밭을 일구고 정원을 가꾸는 것이 좋아서, 즐겁게, 시간 나는 대로, 정원 구석구석을 다듬으며 10년이란 세월을 보냈다. 어린 묘목이 성목이 되어가는 과정을 함께하면서 지난 10년이 내 인생엔 보람 있고 나름 만족스런 시간이었다. 앞으로 더 많은 시간을 정성들여 가꿔온 조경수, 유실수, 꽃들과 함께 하고 싶다.

총 52쪽의 설계도면에서 지정한 대로 정품 자재를 사용하여 집을 지었더니, 그동안 주택에 큰 하자는 없었다. 그림76은 준공 후의 모습과 10년 후의 변화된 모습을 비교하였으며, 그림77은 세월이 지남에 따라 하자가 발생한 데크 수리 및 정원 안에 있는 도랑의 복개 전과 복개 후 화단으로 변한 모습을 대표적으로 실었다. 데크는 2~3년마다 오일스테인을 칠해 관리했음에도 불구하고 세월엔 장사가 없는 것 같다. 10년이 경과하면서 일부 썩거나 훼손된 부분만 교체하고 오일스테인을 다시 칠했다. 그림78은 주차장 내에 직접 설치한 농기구 보관 창고 사진이다.

(a) 2014.5
(b) 2023.5
(c) 2013.5
(d) 2023.5
그림76) 준공 후와 10년 후의 변화된 모습

(e) 2013.9
(g) 2014.7
(i) 2014.5
그림76) (continued)

(f) 2023.5
(h) 2023.5
(j) 2023.5

내가 꿈꾸는 나만의 전원주택 짓기
후속공사

(k) 2014.4
(m) 2012.4
(l) 2023.5
(n) 2023.5

그림76) (continued)

(a) 데크 하자 보수 전
(b) 데크 하자 보수 후
(c) 도랑 복개 전
(d) 도랑 복개 3년 후
그림77) 하자 보수와 도랑 복개

그림78) 주차장 내 농기구 보관시설 설치 (2022.10)

2. 정원 가꾸기

그림79) 금송 (2021.4 식재)

정년퇴직 10년 전에 집을 짓고, 10년 동안 정원을 가꿔 퇴임하면서 정원을 완성한다는 목표를 세웠었으나 아직은 미완성이다. 정원

조성엔 끝이 없는 것 같다. 나무는 심고, 전정하고, 파내고, 이식하고, 또 새로 사다 심으면서 100종 이상을 키우고 있다. 최근 새로 식재한 나무들 중엔 히말라야 시더(Himalayan Cedar) 및 아라우카리아(Araucaria, Norfolk Island Pine)와 더불어 세계 3대 정원수 중 하나인 금송(金松, Umbrella Pine)이 있다(그림79 참조). 금송은 늘 푸른 바늘잎나무이며, 소나무 종류로 잎 뒷면이 황백색을 띠는 데서 유래된 이름이다. 그리스어로 우산과 소나무의 합성어로 '우산 모양의 잎'이라는 뜻이며, 1과 1속 1종만 존재하는 희귀 수종이다. 나무와 꽃 이름을 100가지 이상 알면 인생 성공적으로 살았다고 하는데, 꽃은 아직 100종을 채우지 못했다. 그동안 훌쩍 큰 수목사이로 산책로도 조성하였으며, 지금은 잔디밭을 줄여 꽃밭을 확장해 나가고 있는 중이다.

(a) 물놀이   (b) 탄생기념수 섬잣나무를 만져보며

그림80) 손주들과 함께 (2023.5)

(c) 꽃잔디 감상   (d) 탄생기념수 주목 앞에서

그림80) (continued)

    그림80은 최근 손주들이 놀러왔을 때의 사진이다. 다섯 살 손자(2018년 2월생)는 야외 수돗가 호스로 물장난을 치는가 하면 탄생기념으로 심어준 섬잣나무(일명 五葉松)를 만져 보기도 하며, 1년 6개월 된 손녀(2021년 11월생)는 서투른 발음으로 '꽃, 꽃'하며 꽃잔디를 바라보는가 하면 자신의 탄생기념 나무, 주목 앞에서 뭐가 그리 좋은지 뒤뚱거리며 뛰놀고 있다. 그림81은 다양한 종류의 봄에 핀 꽃들이며, 특히 돌배나무(f)는 100여년 된 고목 활엽수로서 우리 집 정원수 가보 1호이다. 그림82는 정원 내 산책로이며, 마지막으로 그림83은 눈 내린 고즈넉한 겨울 풍경이다.

(a) 수선화와 야생 진달래 (b) 앵초 (c) 꽃잔디
(d) 사과나무와 철쭉 (e) 장미와 보리수 (f) 돌배나무와 벚나무
그림81) 만개한 수목과 초화류 (2023.3~5)

내가 꿈꾸는 나만의 전원주택 짓기
후속공사

그림82) 정원 내 산책로

    장 자크 루소(Jean Jacques Rousseau)는 "자연으로 돌아가라!"고 하였던가? 땅에서 멀어지면 인간은 불행해진다고 주장하는 사람도 있다. 전원생활의 사전적 정의는 복잡한 도시를 떠나 전원에서 한가하게 지내는 생활을 의미한다. 정성들여 조성한 정원 잔디밭에서 초저녁 별빛을 바라볼 수 있는 여유를 가지고 싶다. 텃밭을 일구며 땅과 호흡하고, 정원을 가꾸며 나무와 꽃들과 대화하는 시간을 점차 늘려야겠다.

세월이 흐르면 집은 감가상각이 되지만 잘 가꿔진 정원은 부가가치를 높여줄 뿐만 아니라 하나의 예술작품이 된다는 말을 기억하면서…

잠시 행복하려면 술에 취하고, 평생 행복하려면 정원을 가꿔보라는 말을 명심하면서…

그림83) 전원주택 설경 (2022.12)

에필로그

"인생 제2막을 꿈꾸는 집짓기와 함께"

널리 알려진 이야기지만, 고대 인도인들은 인생을 4단계로 나눴다고 한다. 1단계는 학습기(學習期)로 25세까지 부모와 스승으로부터 삶의 경험과 지혜를 전수받는 기간이며, 2단계는 가주기(家住期)로 50세까지 가정을 꾸미고 사회활동을 하는 시기로서 인생의 절정을 이루며, 3단계는 임서기(林棲期)로 75세까지 사회생활로부터 벗어나 한적한 숲속에 들어가 세상에 대한 집착을 끊고 엄격한 금욕생활을 실천하는 기간이며, 4단계는 유랑기(流浪期)로 75세 이후 세속적 집착을 완전히 버리는 인생의 마지막 단계이며, 평균수명이 길어질수록 이 시기는 길어지고 삶의 의욕은 떨어진다.

유럽에서도 인생을 4단계로 나누는 논의가 이미 시작되었다고 하는

데, 1단계는 성장·학습기, 2단계는 직장과 가정 생활기, 3단계는 하고 싶은 일을 이루며 사는 시기, 4단계는 본격 노화시기를 말하는 것으로 인도의 4단계와 비슷하다.

내 생각에는, 평균 수명을 90세로 가정할 때 인생을 크게 3단계로 구분하고 싶다. 1단계는 대략 30세까지로 태어나서 성장하고 공부하며(남자들의 경우 군복무 기간 포함) 사회진출 직전까지의 시기이며, 2단계는 60세 전후까지로 가정을 이루고 직장을 다니거나 자영업을 하는 적극적인 사회생활 시기이고, 3단계, 즉 제3연령기(The Third Age)는 생활전선에서 벗어난 은퇴 후의 시기이다. 중국 당(唐)나라의 시인 두보(杜甫)는 곡강시(曲江詩)에서 "사람이 70세까지 사는 것은 예부터 드물었다."하여 인생칠십고래희(人生七十古來稀)라 하였다. 따라서 3단계는 한 10년 적당히 여가생활을 하며 보내다 인생을 마감하면 되었다. 목돈의 퇴직금이 있었으며, 두 자릿수에 가까운 높은 금리를 받았다. 자식이 부모를 봉양하는 것은 당연한 시대였고, 주거비용도 대체로 적었다. 그러나 평균 수명은 2008년에 이미 80세를 넘어섰고, 2060년쯤이면 100세가 될 것으로 예상된다. 과거 우리는 'Double 30'시대에 살았지만, 눈앞에 다가온 100세 시대는 'Triple 30'시대라 할 수 있다. 그저 오래 사는 것이 중요한 것이 아니라 삶의 질을 좋은 상태로 오랫동안 유지하는 것이 중요해졌다. 삶의 질이 보장되는 노후를 맞이해야 한다. 인생 100세 시대에서 3단계는 30년 또는 그 이상을 어영부영하며 보낼 수 없게 되었다. 따라서 나는 가정을 이루고 자녀들을 양육하기 위해 자의반 타의반 직업을 선택했던 시기인 2단계와 달리 3단계의 삶은 우리 모두가 자아실현을 위해 정말로 자신이 하고 싶은 일과 여가를 병행하면서 살았으면 하는 마음이다. 그 일이 사회에 공익적 봉사활동이면 더욱 좋을 것 같다. 왜냐하면, 제3연령기는 외적으로 훌륭한 성공을 이루기보다는 내적으로 더욱 깊어지고 그로 인해 인생이 행복해지는 시기이기 때문이다.

워렌 버핏(Warren Buffett)도 부의 축적에만 매달리지 말고 균형 잡힌 삶을 살아야 한다고 강조하면서, 인생의 네 가지 꼭짓점 중 마지막 꼭짓점으로, 개인적으로 관심 있는 분야에서 나 아닌 다른 사람을 위해 양로

원 등 봉사활동이나 환경 단체 참여 등 공익적 활동을 꼽았다.

인생을 잘 살아가려면 다섯 가지 '쌍기억(ㄲ)'이 있어야 한다는 조크가 있다. 나는 인생을 살아가는데 필요한 일곱 가지 'ㄲ', 즉 깡(추진력), 꼴(외모), 꾀(지혜), 꾼(프로정신), 꿈(희망), 끈(인적 네트워크), 끼(재주) 중에서 '꿈'이 으뜸이라고 생각한다. 꿈이 있어야 목표가 생기고, 목표가 있어야 그 목표를 달성하기 위해 노력하게 되기 때문이다. 위의 일곱 가지 'ㄲ' 중에서 다섯 가지 이상을 갖췄다면 인생의 달콤한 '꿀'맛을 느낄 수 있을 것이며, 한두 가지 정도만 갖췄다면 아마도 인생이 '꽝'이 될 수 있지 않을까? 상상해 본다.

세상에는 빨라서 좋은 것이 세가지 있다고 한다. 짜장면 배달, LTE(Long Term Evolution) 속도, 그리고 은퇴 준비다. 한 발 빠른 은퇴 설계가 필요하다는 의미이다. 만약, 이 책을 읽은 독자가 은퇴 후 전원생활을 꿈꾸고 있다면, 꿈만 꾸고 있지 말고 당장 행동에 옮길 것을 권하고 싶다. 터잡기 → 설계하기 → 집짓기 순서로 자료 조사하고, 현장 답사하고, 전문가와 상담하고, 집을 그려보고, 집을 지으면서 행복한 제3연령기, 즉 인생 2막을 준비하기 바란다.

우리가 꿈꾸는 저 푸른 초원 위의 집은 하루아침에 이루어지지 않는다. 조금씩, 조금씩 내 손때가 묻혀 들어갈 때 진정으로 멋진 집, 예쁜 집, 좋은 집이 탄생하는 것이다. "집이 좋아지면 자연히 집을 소중하게 여기게 되고, 집을 소중하게 여기면 집에 애정을 갖고 집을 더 잘 가꾸게 되며, 이로써 인생도 좋은 방향으로 흘러간다"고도 한다. 좋은 집 한 채가 인생의 행복한 삶을 제공할 수도 있는 것이다. "행복은 기쁨의 강도보다는 빈도에 좌우된다(Happiness is the Frequency, Not the Intensity, of Positive Versus Negative Affect)"라는 말도 있듯이, 행복한 사람과 불행한 사람의 결정적 차이는 일상의 소소한 기쁨을 얼마나 자주 느끼는가에 달려 있으며, 그 기쁨은 열정적인 삶의 결과물이다. 꿈에 그리는 행복한 전원생활의 실현은 오로지 자신의 의지와 열정, 은근과 끈기에 달려있다는 점을 명심하면서… 아무리 못하는 일이라도 시간을 들여 꾸준히 배워나간다면 한 분야의 대가는 아니더라도 나름 전문성을 갖출 수 있다. '1만 시간의 법칙' 즉, 한 분야에 최소한 1만 시간을 투자한다면, 누구나 아웃라이어(Outliers)가 될 수 있다는 것이다.

한평생 살면서, 집을 한 채 지어보고, 나무 이름을 100가지 이상 알고, 꽃 이름을 100가지 이상 알면, 인생을 성공적으로 살았다고들 한다. 이제 집은 지어봤으니, 앞으로는 나무와 꽃을 더 가까이하면서 더 많은 시간을 자연과 함께 보낼 작정이다.

마지막으로, 이 책을 끝까지 읽어주신 독자 여러분에게 진심으로 감사드리며, 나의 경험담이 조금이나마 도움이 되었으면 하는 바람이다. 그리고, 꿈에 그리던 집을 짓고 이 책을 증보판에 이어 개정판까지 출판할 수 있도록 도움을 주신 모든 분들에게 다시 한 번 고개 숙여 진심으로 감사의 인사를 드린다.

부록1 「전원속의 내집」 인터뷰 기사*

좋은 집이 좋은 인생을 만든다

취재_이세정 / 사진_변종석

집짓기에 관한 책들이 한해 수십 권 쏟아져 나오는 요즘. 다들 전문가를 표방하며 건축을 이야기하지만, 뭔가 큰 흐름을 잡기에는 아쉬운 부분이 있었다. 서울시립대학교 유광수 교수 역시 집짓기에 앞서 여러 도서를 참고하다 체계적인 종합 가이드북이 없다는 사실이 안타까웠다. 결국 자신의 집을 짓는 내내 수많은 자료를 모으고 과정을 메모했다. 산경험이 우선이지만, 객관성을 꼼꼼히 따지는 것도 잊지 않았다. 교수로 재직하면서 여러 논문과 관련 저서 등을 집필한 이력은 빛을 발했다. 그렇게 1년 반 전 책은 처음 세상에 나왔고, 얼마 전 주택생활의 경험담을 더한 증보판으로 독자들을 만났다. 그의 전원생활을 직접 보기 위해 강원도 홍천으로 향했다.

Q. 처음 책 표지를 보고 이 분야 전문가가 쓴 줄 알았어요.

A. 저는 건축과는 아무 상관없는 일반 건축주예요(하하). 대학교에서 학생들을 가

"좋은 집 한 채가 행복한 인생을 만들 수 있다는 유광수 교수. 은퇴를 앞두고 두 번째 인생을 준비하는 마음가짐을 그의 철학을 통해 들어본다."

01 입주 당시 선배 교수가 분양한 강아지가 어엿한 식구가 되었다. 모곡리 마을 이름을 따 '모리'라고 불린다.

르치지만, 전공도 재료공학이고요. 지인 교수들이 전원주택을 지었다, 별장을 지었다 해서 몇 번 방문해 보기도 하고 개인적으로 '노후는 자연 가까이 보내야겠다' 생각한 차에 생각보다 일찍 땅을 구했어요. 2년 후 집을 지었고, 주말주택 생활을 한 지는 5년이 다 되어가요.

Q. 특별히 강원도 홍천을 택하신 이유라도

A. 홍천은 동서로 300리나 되는 넓은 땅이에요. 제 고향은 홍천 땅 중간쯤, 그리고 지금 집을 지은 곳은 홍천에서도 서울과 가까운 서면 쪽이죠. 4도3촌 생활을 해야 하니 서울 집에서 차로 1시간 거리일 것, 가능하면 마을 끝자락에 위치한 전저후고(前低後高)의 땅일 것, 인근에 큰 강이 있고 편의시설이 있을 것이라는 조건으로 찾아다녔어요. 한 2년은 돌아다닌 것 같아요.

Q. 그때만 해도 이곳은 한참 시골이었지요

A. 주변이 거의 논밭이었는데, 지금은 고속도로가 새로 뚫려 많이 발전했어요. 주변에 속속 전원주택 단지가 들어서고 인구도 늘고 있어요. 1가구2주택 비과세 때문에 비수도권을 찾는 이들이 많아졌으니까요.

Q. 지금 집을 짓고 사시는 땅은 만족스럽나요

A. 저도 처음엔 멋모르고 땅을 샀어요. 당시 아버지를 모시고 갔는데, 집터가 아니라고 말리시더라고요. 한참을 고민하다 유명하다는 지관을 데리고 다시 갔는데, 그 역시 집 지을 땅이 아니라 해서 눈물을 머금고 내놓았죠. 그 뒤로는 앞서 말한 원칙을 갖고 지역을 좁혀가며 땅을 구했어요. 모곡리는 시골 마을임에도 세대수가 많고, 바로 앞에 중학교도 있어요. 집터는 마을과 적당한 거리로 맨 안자락에 위치했기에 제격이라고 판단했어요.

Q. 대문 입구에 태극기가 펄럭이는데, 특별한 연유가 있나요

A. 모곡마을은 한서 남궁억(1863~1939) 선생이 일제 시대 무궁화를 보급하며 독

립운동을 펼쳤던 터전이에요. 그래서 마을 길가는 물론, 집마다 무궁화를 심고 태극기를 달죠. 저도 이장에게 무궁화 열 그루를 선물 받아 마당 어귀에 심어 놓았어요. 저희 마을의 자랑거리에요.

Q. 귀촌 후 시골 텃세 때문에 고민인 분들도 많아요. 이웃과의 관계는 어떤가요

A. 불가근불가원(不可近不可遠)이 좋아요. 집을 짓기 2년 전부터 컨테이너 하나 두고 주말에 옥수수와 고구마 농사를 지었어요. 이웃 주민들과 많이 친해졌다고 생각했는데, 막상 공사를 시작하니 이야기가 달라지더라고요. 저도 진입로 때문에 분쟁이 있었는데, 기다리는 지혜로 무사히 곡절을 넘겼어요. 누구 하나하고만 친하게 지내지도 말고, 적당한 거리를 두며 본분을 다하는 게 중요한 것 같아요.

Q. 집을 짓기 시작하면서 가장 고려한 사항은 무엇인가요

A. 사실 저도 처음 해 보는 일이니 책도 많이 보고 주변 건축과, 조경과 교수들에게 질문도 많이 던졌어요. 보탬이 되는 말도 있었지만, 막상 실전과는 많이 다르더라고요(하하). 전 집은 가능한 실속 있고 작게, 구조나 단열을 최우선으로 하는 것이 중요하다고 생각해요. 마침 한 건축회사에서 설계 교실을 운영한다기에 참여해 4주간 수업을 들었죠. 마지막에 모형 제작을 했는데, 제가 최우수상을 받았어요.

Q. 당시 설계안 그대로 집을 짓게 되었나요

A. 아니요(하하). 기본 틀은 비슷하지만, 역시 여러 주택을 설계해 본 실무진의 도움을 많이 받았어요. 우리 집이 겉으론 크고 웅장해 보여도 내부는 꼭 필요한 공간만 있어요. 1층이 90㎡(27평)쯤 되고 2층은 32㎡(9.6평)죠. 이중단열에 고벽돌 마감이라 벽두께가 두꺼워 더 커 보이는 것 같아요. 대신 정식으로 인허가받은 창고 면적이 넓은 편이죠.

Q. 그냥 봐도 벽 두께가 엄청나 보이는데, 어떤 구조인가요

A. 200㎜ 두께의 철근콘크리트 벽에 양단열을 했어요. 바깥에 85㎜ EPS를 대고

02 | 03

"제가 겪은 경험과 실수들을 통해 누군가 시행착오를 하나라도 줄일 수 있다면 그 얼마나 값진 일이겠어요"

02 약간의 경사가 있는 대지를 돋워 집을 앉혔다. 고벽돌로 마감한 운치 있고 단단한 외관이다.

03 주방 옆 데크는 캐노피를 달아 아내의 그림 작업실, 외부 모임공간으로 활용한다.

공기층을 줘 벽돌을 쌓고, 안쪽으로는 아이소핑크가 부착된 33㎜ 두께의 e-보드를 댔어요. 식당의 경우는 안쪽까지 고벽돌을 더해 벽두께만 600㎜예요. 당시 LG하우시스에서 막 3중창호가 나오던 시기라 초기 이중유리 스펙에서 막판에 유리도 변경했죠. 초기 공사비는 좀 더 들더라도 에너지 비용을 줄이고 튼튼하게 짓는 게 중요했어요.

Q. 한겨울 난방비는 실제 어느 정도인가요

A. LPG로 보일러 가동을 하는데, 추운 겨울에도 한 달 비용이 10만원대 초반이에요. 거실에 둔 노출형 벽난로도 제 역할을 톡톡히 하고요. 지난주에는 직접 장작 보관소도 만들었어요. 주택에 지내다 보니 몸을 쓰고, 장비들도 직접 다루게 돼요. 얼마 전에는 전동 드릴이 수명을 다해 새로 또 장만했을 정도니까요.

Q. 책을 통해 본 에피소드 중에 특히 보일러실 공사가 기억에 남아요

A. 대개 보일러실은 준공을 받은 다음, 편법으로 가건물을 짓곤 하죠. 저는 주택 면적이 늘어나더라도 규정대로 하고자 집 내부 남서쪽 귀퉁이에 보일러실을 두었어요. 벽체 단열이 다른 곳과 똑같으니 외벽 두께가 480㎜가 되는데, 거기 맞는 배기가스 연통 구하기가 참 힘들었어요. 정품을 딱 3개 만들었다는데, 2개가 국내 대기업 회장 집과 유명 가수 집에 들어가고 남은 하나가 우리 집에 왔대요. 공사가 일주일이나 지연되었지만, 그렇게 기분이 나쁘진 않더라고요.*(하하)*

Q. 이렇게 넓은 마당을 가진 집도 오랜만에 봐요

A. 저희 정원이 150평이 넘어요. 남들은 관리하기 어렵겠다고 하는데, 전 마당이 전원생활의 백미 아닐까 싶어요. 처음에는 저도 겁나서 자갈을 깔까 했는데, 조경과 교수가 그럴 거면 뭐하러 전원주택 짓냐고 한소리 하더라고요. 정원은 가꾸고 보는 데 있어 정서적인 풍요로움을 줘요. 잘 가꿔진 정원은 집의 가치와 품격도 높여주고요. 셋째 여동생이 선물한 소나무 한 쌍과 90년생 돌배나무가 특히나 제가 아끼는 나무에요.

Q. 다양한 수목들이 많이 보이는데, 과실수 관리는 어렵지 않나요

A. 1백여 종이 넘는 나무들이 있어요. 다들 허리춤 높이도 안 되는 묘목들을 심어서 이만큼 키운 거예요. 그러니 얼마나 뿌듯하고 재밌겠어요. 유실수로는 요즘 유행하는 블루베리를 많이 심었고, 매실, 체리, 살구나무, 꾸지뽕나무, 비타민나무도 심었어요. 과수원 농장을 하는 큰 처형이 좋은 사과나무들을 보내줘 집 뒤편에 우리집만의 과수원도 만들었어요. 품종이 제각각이라 수확 시기가 달라, 저희 집 사과는 마당에서 모두 충당하죠. 농약도 거의 안치고 자연 상태에서 그대로 키우니 맛도 아주 그만이에요.

Q. 아무리 그래도 아직 현직에 계신 터라, 집과 마당을 관리하는 게 힘에 부칠 것 같아요

A. 주변에 전원주택을 짓고 '나 몰라라' 하는 이들도 많고, 다시 팔아버리는 사례도 많이 봤어요. 그래서 철저한 준비가 필요한 거죠. 저도 처음에는 익숙지 않았지만, 나름의 룰을 정하고 아내와 일정 부분 협업을 하면서 집을 관리하죠. 잡초는 싹이 보일 때 바로바로 뽑았더니 지금은 그 수가 적어졌고, 앞마당은 제가, 옆 마당과 화단은 아내 몫으로 배분해서 가꾸죠. 처음에는 전원생활을 기꺼워하지 않던 아내도 지금은 많이 달라졌어요.

Q. 반대하는 아내 때문에 전원행을 주저하는 이들이 많은데, 비결을 전해주신다면

A. 지금도 저는 서울 아파트에 가면 소파에 누워서 리모컨 잡고 있어요(하하). 그런데 여기만 오면 힘이 솟고 신이 난다고 아내가 우스갯소리로 핀잔을 주죠. 그런 제 모습을 옆에서 계속 지켜보기도 했고, 제가 아내를 위한 공간들을 많이 마련해주다 보니 아내도 이곳 생활을 좋아하게 되었어요. 마당에 구상나무 가지를 꺾어 아내 잠자리 맡에 놓아주곤 해요. 피톤치드가 숙면을 취하게 하는 명약이거든요.

04 애정을 담아 구성한 주방과 다이닝룸. 외벽의 고벽돌을 그대로 활용해 카페 분위기를 연출했다.

유광수 교수가 말하는
좋은 땅에 좋은 집 짓는 비결

❶ 강변이나 계곡은 피하자
호수나 강가, 큰 개울가 주변의 물안개에는 몸에 해로운 중금속이 포함되었을 수 있고, 특히 관절염 환자들에겐 습한 공기가 치명적이다. 물은 마음만 먹으면 언제든 갈 수 있는 거리인 1~2km쯤 떨어져 있는 것이 적당하다. 외딴 계곡은 방범은 물론 폭설, 폭우 등 문제에 무방비로 노출되어 있기에 피해야 한다.

❷ 남향만 고집하지 말자
예전에는 남향만 최고로 쳤지만, 누군가는 아침 햇살이 보약이기 때문에 동향도 괜찮다고 한다. 실제 나이가 들수록 일찍 일어나기 때문에 동향집이 더 맞을 수도 있다. 일조권만 충분히 확보된다면, 북향도 마다할 이유가 없다. 설계로 단점을 극복하고 성능 좋은 단열재로 보온 문제도 웬만큼 해결할 수 있다.

❸ 강소주택을 지어라
적당한 규모의 집은 건축비도 절약하고 에너지 비용도 절감할 수 있다. 바닥 면적이 작더라도 다락방과 데크 등을 살려 공간 활용을 극대화하면 된다. 자식들은 1년에 한두 번 오고, 손님들도 처음 몇 년뿐이다. 적정한 전원주택 규모는 정부가 정한 국민주택 기준인 85㎡에 포치, 보일러실을 포함해 100㎡(30평) 내외면 적당하다.

❹ 주부 중심 공간으로 지어라

주택은 가족을 위한 공간이다. 가족의 중심에는 아내가 있다. 주방이나 식당을 아내 취향에 맞춰 잘 만드는 것도 중요하지만, 안방이나 자녀방, 화장실, 거실에 이르기까지 주부가 중심이 아닌 공간이 없다. 주변에 남편을 위한 서재방을 큼지막하게 만들어두고 결국은 창고방으로 전락하는 사례를 많이 봐 왔다. 집을 지을 때 아내의 의견을 귀담아듣고 아내가 애정을 가질 수 있는 공간들을 만들어야 가정이 화목하다.

❺ 내 집은 너무 싸게 짓지 말자

건물이란 수십 년을 사용한다. 최초 건축비와 유지관리비를 더해 건물의 전체 비용을 산정해야 한다. 살기 좋은 집은 외관이나 마감재보다는 숨어 있는 구조재가 중요하다. 잘못 지은 건물은 살면서 더 큰 비용을 요구하기 마련이다. 싼 가격에 현혹되지 말고 생애주기 전체 비용을 생각해라.

내가 꿈꾸는 나만의 전원주택 짓기

Q. 집을 짓고 나서 얻은 가장 큰 수확은 무엇인가요

A. 가족애, 형제애, 선배·친지들의 애정을 새삼 느낀 것. 그리고 노후를 보낼 여건을 만들어 놓았기에 마음 편히 나이 듦을 맞을 수 있다는 것이죠. 행복한 사람과 불행한 사람의 차이는 일상의 소소한 행복을 얼마나 자주 느끼는가에 달려 있잖아요. 집짓기는 저에게 그런 마음가짐을 일깨워준 소중한 계기였어요.

Q. 인생 2막을 준비하는 이들에게 동행자로서 전하고픈 조언이 있다면

A. 평균수명 90세 시대잖아요. 30년 넘게 가정을 이루고 자의 반 타의 반 직업을 택해 살아왔다면, 남은 30년은 나 자신을 위해 살 시간이에요. 정말 자기가 하고 싶은 일과 여가를 병행해간다면 더욱 좋겠죠. 특히나 그 일이 주변을 위해 봉사하는 거라면 더할 나위 없고요.

은퇴 후 삶은 은퇴 10년 전부터 계획해야 하는 것 같아요. 저의 경우는 퇴직이 4년 남았으니, 벌써 거의 준비가 끝난 거죠. 퇴직하면 이제 3도4촌으로 지낼 요량인데, 도시에서 친구들과 어울려 문화생활을 누리고, 이곳에 오면 땀을 흘리며 꽃과 나무 가까이에서 지내는 거죠. 누군가 그랬잖아요. 집을 한 채 짓고 나무와 꽃 이름을 100가지 이상 알면 성공한 인생이라고.

ⓒ월간 전원속의 내집 2017년 11월호 / Vol.225

05 150평이 넘는 광활한 정원을 모두 직접 관리한다. 100여 종이 넘는 수목과 과실수가 그의 손길을 닿아 무럭무럭 크는 중이다.

부록2 김윤덕의 新줌마병법*

위대한 삶도, 시시한 삶도 없다

"生과 死는 길 위에 함께 있어… 지금 이 순간을 사랑하십시오"

제주 올레를 찾은 여행 고수(高手), 후지와라 신야에게 삶이란 무엇인지 물어본다.

Q. 칠십에 붉은 머플러라니요.
A. '늙었다'고 말하는 순간 우리는 늙기 시작합니다.

Q. '은퇴쇼크'에 시달리는 남자가 많습니다.
A. 자기 인생이 아니라 회사의 인생을 살았기 때문이지요. 일벌레일수록 회사를 떠나는 순간 방향을 잃기 쉽습니다.

---

* 2015년 1월 20일자 조선일보에 게재된 '김윤덕의 新줌마병법' 중에서 일부 발췌한 것으로, 필자가 에필로그에서 전하고자 했던 '인생 2막'과 일맥상통하는 칼럼이기에 김윤덕 문화부장님의 허락을 받아 소개함.

Q. 아직도 40년을 더 살아야 하는데 어찌해야 합니까?

A. 은퇴 후에도 매일 아침 도시락을 싸서 회사 근처를 어슬렁거리다 주변 공원에서 도시락을 먹고 퇴근 시간에 맞춰 집으로 돌아가는 사람이 있었습니다. 그에게 말했지요. 회사 앞을 배회하는 대신 당신이 살았던 고향의 지도를 그려보라고요. 사람이 가장 자기답게 사는 기간은 기억이 생기는 서너 살 때부터 10대 후반까지 고작 십 몇 년에 불과합니다. 지도를 들고 자기가 살던 집, 다니던 학교, 추억이 어린 장소들을 찾아가 보세요. '자기다움'을 회복하면 앞으로 살아가야 할 방향이 보입니다. 40년간 오로지 회사를 위해 살았다면 이제는 말 한마디, 손짓 하나, 걸음걸이 하나까지 모두 자기 자신을 위해서 해야 합니다. 머리만 가지고 살았던 인생을 온몸, 육체를 활용해 사는 삶으로 바꿔보십시오. 바벨이나 골프채는 별 도움

이 되지 않습니다. 두 팔과 다리로 밭을 일궈 열매를 거두는 것이 훨씬 좋은 방법이지요. 몸의 녹슨 부위가 사라지고 새 살이 솟아날 겁니다.

Q. 거울에 비친 제 모습에 흠칫 놀랍니다. 시푸르던 나의 청춘은 어디로 갔나 싶어.

A. 여인은 어릴 적 얼굴이 그대로 남아있는 게 아름답지만 남자 얼굴엔 인생이 담겨야 합니다. 걸어가는 뒷모습이 아름다운 남자가 되도록 노력해보십시오.

Q. 한없이 슬프고 절망스러울 땐 어찌해야 합니까?

A. 온몸이 말라버릴 정도로 우십시오. 그 눈물이 땅에 떨어져 아름다운 꽃을 피울 겁니다.

Q. 저를 좀 응원해 주십시오.

A. 세상엔 위대한 삶도, 시시한 삶도 없습니다. 서두르지 말고 천천히 가세요. 생사봉도(生死逢道)! 삶과 죽음은 언제나 길 위에 함께 있습니다. 지금 이 순간을 사랑하십시오.

길(유은숙, 2012)

참고문헌

1) http://k.daum.net/qna/view.html?qid=0BHod

2) 조선일보, 2014.10.8.

3) 동아일보, 2014.10.13.

4) http://blog.daum.net/amylht/5844561

5) 박상설, "자연속으로", http://kor.theasian.asia/archives/87303

6) http://blog.naver.com/viamili/60018325952

7) http://en.wikipedia.org/wiki/Mediterranean_Revival_architecture

8) http://www.dreamhomedesignusa.com/images/Photoshop%20Images/Exotic_Mediterranean_red.jpg

9) The Wall Street Journal Korea, 2012.12.27.

10) 박용일, "한(韓) 스타일에서의 모던 식공간에 관한 연구", 식공간연구, vol.6, no.2, pp.67-79 (2011).

11) http://arthousedecoration.com/2013/home-design-and-decoration/modern-home-designs-ideas/

12) http://mymariamargareta.blogspot.com/2012/05/hanok-korean-house.html

13) 전원주택 가이드북, 『노블하우스 스토리 Ⅲ』, 노블하우스(주), 서울, 2009.

14) 전원주택 가이드북, 『노블 스토리, 다섯 번째 이야기』, 노블종합건설(주), 서울, 2011.

15) http://cafe.daum.net/ILOVEYANGPA/Jpay/278?q=%C0%FC%BF%F8%C1%D6%C5% C3%C0%C7%20%C1%BE%B7%F9

16) http://cfile267.uf.daum.net/original/2114AF3551D383200192E6

17) 조선일보, 2013.10.12.

18) http://blog.naver.com/ghks0036/10099771046

19) http://magazine.hankyung.com/apps/news?popup=1&nkey=2013052100096071092&...

20) http://blog.naver.com/kkssrr7

21) 한국경제신문, 2013.9.10.

22) 김하나, "전원주택은 東向 벽돌 건물 골라야… 난방비 덜 들고 튼튼", www://hankyung.com/news, 2012.5.20.

23) http://cafe.daum.net/han0612/FNEl

24) 박시익, 『한국의 풍수지리와 건축』, 도서출판 일빛, 서울, 2004.

25) http://ko.wikipedia.org/wiki/

26) http://www.google.co.kr/imgres?imgurl

27) http://cafe.daum.net/countryllove

28) http://board.realestate.daum.net/gaia/do/estate/knowHow/read?articleId=62507&...

29) 나카무라 요시후미(정영희 譯), 『집을 생각한다』, 다빈치, 서울, 2008.

30) 주택저널 편집실, 『살기 좋은 전원주택』, 대한주택건설협회, 서울, 2005.

31) http://blog.daum.net/_blog/hdn/ArticleContentsView.do?blogid+0APio...

32) http://blog.naver.com/PostList.nhn?blogld=ecoblocks&from=postList&categoryNo=23

33) http://homepoint.co.kr

34) 이상석,『정원만들기』, 일조각, 서울, 2007.

35) http://www.dailywrn.com/sub_read.html?uid=3704

36) 하지혜,『21세기를 움직이는 사람들- 워렌 버핏』, 천일문화사, 서울, 2009.

37) http://terms.naver.com/

38) 시오미 나오키(노경아 譯),『반농반X의 삶』, 더숲, 서울, 2015.

39) http://blog.naver.com/waldheim0907

40) http://blog.naver.com/cnt_reporter/220608196315

41) 헤럴드경제, 2015.12.9.

42) 조선일보, 2016.8.10.

43) http://blog.naver.com/PostPrint.nhn?blogId=ghks4487&logNo=220708484497

44) http://m.blog.daum.net/_blog/_m/articleView.do?blogid=0JhIe&articleno=8765983

45) http://link.springer.com/chapter/10.1007%2F978-90-481-2354-4-10

46) 야노 케이조(김윤수 譯),『부자의 방』, 다산북스, 파주, 2016.

47) 농림축산식품부, 해양수산부, 통계청, 보도자료 "2016년 기준 귀농어·귀촌인 통계 결과", 2017.6.29.

48) http://board.realstate.daum.net/gaia/do/estate/knowHow

49) 말콤 글래드웰(노정태 譯)『아웃라이어』, 김영사, 파주, 2009.

50) 이세정, 변종석, "인터뷰 : 전원주택 가이드북 펴낸 유광수 교수", 전원속의 내집, vol.225, 11월호, pp.176-181 (2017).

51) 전자신문, 2017.12.7.

52) 한윤정, 박기호, 『집이 사람이다』, 인물과사상사, 서울, 2017.

53) 조선일보. 2018.5.16.

54) 전원속의 내집, vol.237, 11월호 (2018)

55) 경남일보, 2019.2.12.

56) 농림축산식품부, 보도자료 "2018년 귀농·귀촌 실태조사 결과", 2019.3.12.

57) 네고로 히데유키(장인주譯), 『늙지 않고 살찌지 않고 병에 걸리지 않는 24시간 관리법』, ㈜경향비피, 서울, 2018.

58) 한겨레신문, 2019.6.28.

59) 연합뉴스, 2019.7.8.

60) 국민일보, 2019.8.1.

61) 2020~2050년 장래인구추계, 통계청, 2022.5

62) 2020~2050년 장래가구추계, 통계청, 2022.10

63. 서울신문, 2022.6.23.

64) KBS, 코로나19 팬데믹, 2020.6.25

65) https://withdada.tistory.com/16

66) 한국경제, 2023.4.5.

내가 꿈꾸는
나만의 전원주택 짓기